岡本夏木著

幼児期

—子どもは世界をどうつかむか—

岩波新書

949

目次

目　次

序章　「幼児期」の再建

「今」こそ、「幼児期」を見直す作業が必要だということを痛感するのは私だけでしょうか。

今日の幼児の世界は早くからおとな社会の強大な圧力にさらされています。そこでは幼児期をして「幼児期」たらしめている特徴が軽視されがちになっていると言わざるを得ません。幼児期においてこそ形成されるべき人間の生き方の基礎があるにもかかわらず、その獲得が不十分なまま、子どもたちはおとな社会へ投げ出されてゆきます。それは「幼児期の空洞化」とも呼ぶべき現象です。

そのことがはらむ危機に対して、「保育」はどう取り組むべきか、その方法も、またそれを支える原理の探究も深められていないというのが現状です。本書がそれを考える手がかりとなればと願います。幼児期において子どもが「世界」を「人間」を、そして「自分自身」をどうつかみ、それらをどういうものとして意味づけるか、それは、子どもがその後の自分の生き方の基礎をどうつかむかの問題に他なりません。子どもが置かれている現代の状況と関連づけながら、発達心理学的に検討を進めたいと思います。

人は、おとなも青年も、そして学童も、自分の中にかつての幼児としての自分を内化させて生きてゆきます。その自己の「内なる幼児期」が貧困なまま、あるいは不在なままおとな社会に入ってゆく時の問題は、すでに具体的な形をとって出現して来ています。

教育界の混乱

幼児期を考えるに先立って、学校教育の現状に触れておきます。

現在の教育界は、多様な問題と、そこで発生するかつては想像さえされなかったような現象への対症療法に追われています。教育が本来、現実の子どもの姿に日々対処してゆく責務を負っているものである限り、対症療法的試みは欠かせません。しかしそれは、本来拠るべき原則原理をもち、その上においての修正や新しい企ての取り入れであるべきはずです。変化のとどまらぬ情勢にあって、どういう原則を拠りどころとするか、今日ほどその追求を放棄して、その場その場での対症療法のみが相つぐ時代はかつてなかったことです。制度を操作し、多くの対症療法をくり返している間に、自然に方向が見えてくるというのが為政者や識者たちの立場なのでしょうか。その対象とされ、変化に対処しなくてはならない子どもの方は、常にかけがえのない自分の生を生きているわけですから、その当惑はたいへんです。

次々となされる教育論議や提起、その一つ一つには理由があるとしても、基本的なところで何かが欠けているのではないか。その「何か」については、私も「何か」としかまだ言いようがありませんが、その何かにむけての探索がもっと試みられるべきではないか。それを欠いたままでの現在の論議や提起の延長だけでは、それがこれからの子どもの人間的成長を促す生活の支えになりうるのかが疑われます。

「学力論争」と「心の教育」

たとえば、今日の学校教育をめぐる論議の中でもっとも代表的なものとして、「学力(低下)論争」と「心の教育」の二つがあげられます。本書の直接の論点ではありませんが、若干付言しておきます。

「学力」は学校教育の中心問題であり、大いに論じられ、その方法が検討されることは当然です。しかし目下の学力低下論争の多くは、その責任の中心を「ゆとり教育」や「総合学習」、ひいては授業配分の時間や週休二日制に押しつけることに拠っています。もちろんそれとの関連は無視できぬとしても、そうした発想による限り、これからの学力問題は、その根本のところで解決は難しいでしょう。なお言うなら、最近の教育界では、学力問題に限らず、そこで発生する多くの事件においても、「責任」の所在ということを中心に論じられるようになっています。責任論議が一見、ことの原因を明らかにするというポーズをとりながら、実は責任の転嫁先論争に過ぎず、それが真の原因解明をおおいかくす危険をはらむことも多いのに注意しなければなりません。

「心の教育」については今、詳しく述べる余裕がありませんが、「道徳」の呼び名を聞こえのよい「心」にすりかえる試みほど、子どもの心をもてあそぶものはない、とだけ言っておきます。さらには「心」という語の氾濫も気になります(もともとは心理学者の責任もあります)。「心」という語さえ出せば、問題の説明はついたと思いこむおとなたちを相手に生きてゆかねばならぬ子どもはたいへんです。

「学力論争」と「心の教育」論についてもう一つ触れておかねばならぬことがあります。それは子どもは否応なしにこれら二つの大きな力に、対象としてさらされざるを得ないという事実です。学力論者は子どもを学力引き上げの、心の教育論者は道徳(正しくは国家主義道徳)強制の対象とします。一人の子どもは学校という場で二つの力に引き裂かれます。こういう事実を双方の論者はどう見るのか。学力論者は自分の提起する改革が、現在の子どもの人格発達の中にどういう形でかかわってゆくのか、また心の教育論者はどういう学力観をもっているのか、それについてはほとんど表明されぬままです。互いに自分は「専門でない」からということになるのでしょうか。自分の関心からしかものを考えない両方の専門家たちの要請に応えなければならぬ子ども、そして先生の立場を考えたことがあるとは思われません。

原理を探るために

対症療法だけでない、「何か」原理的なものへの探索が不可欠な時点に来ていることは確かです。ここで私ができることとして、その時の柱として取り入れてほしい観点のいくつかをあげてみます。それは先に述べてきたこととも関連します。

第一点は、教育や保育的働き(制度を含めて)を、それを受ける「子どもの側から」常に見直してみること。子どもの側からというと、「児童中心主義」すなわち「子どもの意のままに」と短絡されかねませんが、本来の児童中心主義とは、おとなからの働きかけを子どもがどう受けとめているか、そのことから出発することを意味します。

第二は、それぞれの子どもを、一人の全体としてとらえること。

第三に、子どもをおとなの「操作(働きかけ)の対象」としてだけ見るのでなく、われわれとともに生活を実現している「生の共同者」として見ること。

第四として、現在の文化的・社会的環境のもつ性質を、それが何を子どもに及ぼすのかという視点からとらえること。「教育(保育)環境」「教育(保育)文化」として検討することが不可欠となります。後で「情報社会」と「能力主義」の問題として述べ直します。

第五に、本書の目的とも関連しますが、学校教育での問題を小学校期や中学校期の中に閉じこめたかたちで論議するのでなく、その問題をより長いライフスパンの中で考えること。先にあげた学力低下論で言う基礎学力にしても、学校以前の幼児期保育や現在の幼児の生活状況との関連から考えてかからないと、本格的な改革にはつながりません。たとえば、最近指摘される「解釈力」や「読解力」の弱化についても、その原因の究明と対策は幼児期の生活のあり方にまでさかのぼらぬ限り不可能なはずです。

現在の教育論議が貧困で深まりを欠いたままに終りやすいのは、子どもを一人の人間として全体的にとらえる視点と、発達的視点が稀薄であるところに由来します。

「情報社会」と「能力主義」

なぜ今「幼児期」か。以下の各章でもくり返し述べることですが、その要点をまず述べておきます。

まず考えなくてはならないのは、現在の子ども(青年を含めて)が置かれている文化的・社会的教育状況です。それは現在のみならず、これから彼らがその中を生きてゆかねばならぬ状況でもあります。幼児とその将来を考える視点から、次の二つの性質をあげねばなりません。

一つは「情報化(情報社会)」ということです。情報革命というごとく、それは急激に社会を覆い、子どもの世界をも強大な力で支配しはじめました。そしてその傾向が今後ますます加速してゆくことはまちがいありません。そこで何がいったい起るのか、教育する側も、ましてや教育される側も、未来に展望をもてぬまま生きてゆかねばならぬのが現状です。

情報機器は人間の知的能力を大きく増幅するとともに、生活様式を改変しました。人はこれを人類や文化の輝かしい発達と見ます。しかし一方、情報社会なるがゆえの子どもの行動のゆがみや犯行(子どもによる、また子どもに対する)がどういう形で激増しつつあるかは、日々のメディアをにぎわす通りで、例をあげるまでもないと思います。また機器操作に欠かせないコードやルールの使用には熟達しながら、人間同士が共同者として生きてゆくためのコードやルールについてはほとんど無知な子どもや青年の増加は、皮肉な現象としてだけでは済まされない多くの事件を生み出しています。

発達心理学から見た時、一人の人間にとっての世界は、大きく言って三つの世界が重層化したものです。最基層は、自己と現実的に交渉しあう「生活世界」、そしてその上に、直接現実的に接しはしないが、人々が伝えてくる情報を手がかりに形成する「情報的知識世界」、さらにその上に、外界の事物との直接的対応性を離れて自分の中で成立する「心情の世界」が重ねられます。人間の乳幼児期の意義は、まず子どもが「生活世界」の中に自己の居場所を見つけることによって、生きることの最基層を充実させてゆくことにありますが、今日の肥大した情報社会は早くから生活世界に侵入し、子どもは生活世界そのものをきわめて不安定なものとしてしか経験しないという傾向が強まっていると言えます。

「情報化」と並んで、現在の社会を代表する今一つの性質として、教育の場での「能力主義」をあげねばなりません。能力主義は企業のみならず、現実社会を動かす大きな原理となっています。そういった社会への適応の準備という名目で、学校教育の中へも能力主義は侵入し、強い支配力をもつようになりました。これは子どもの生活に大きい不安をもたらします。

「能力主義教育」でもっとも重視されるのは、文字通り「デキル」ということです。「デキル」ことはよいことであって、「デキナイ」ことはよくないこととされます。そして大事なのは、デキルにしても、それが「ヒトリデ　デキル」ことです。他人に依存すること、他人に「タスケラレル」ことはよくないこととされます。加えて「ハヤク」することが目標であり、「オソイ」ことは悪いこと、なくさねばならぬことです。特に能力主義と情報処理の結びつきは「能率至上主義」を強化し、「オソイコト」「時間をかけること」はもっとも忌わしい性質として位置づけられます。「ヒトリデ　ハヤク　デキルコト」、これが能力主義のスローガンです。

「一人で早くできること」がなぜ悪いとの反論がすぐ返って来るでしょう。私もそれは悪いとは思わぬし、教育の中心的目的は能力を育てることにあるのは言うまでもありません。計算も、文章の読みも、当然一人で早くできることを可能にする指導法の考案は各先生に課せられた大きい仕事です。しかしそれが、単純な一方的強調で終る時、危険をはらみます。そこでは子ども同士が「できない子」「助けられる子」「遅い子」を軽蔑の対象としてゆくからです。

能力とは何か

「能力主義」について二つのことに注目しなければなりません。一つは今あげた「一人で早くできること」はいいとしても、それでは「できないこと」「助けられること」「遅いこと」は無条件に悪いことで、抹殺されるべきことなのかということです。「できないこと」「助けられること」「遅いこと」が人間、特に子どもにとってもつ意味を無視するところに、能力主義が子どもをゆがめてゆく原因があります。人間は一人で「できない」からこそ助け合い、「助けられた」ことへの感謝が人の共同性を支える力となってゆきます。「できないこと」こそが人間を結びつける原動力なのです。また努力や協力は、時間を必要とします。

「能力主義」について今一つ重要なのは、そこでいう能力とは何かということです。それはその子が社会に出た時に、他人より少しでも有利な地位と収入につながりうるものとしてもっとも評価される能力です。子どもは学校に入るなり、ひたすらそういう能力に向けて教育されますし、それは先生の責務とされます。それを象徴する典型は大学の入試での問題によって測られる能力です。最近は入試形式も大学ごとに多様化してきていますが、そこでの能力観は基本的に大差ありません。そこでは取り上げられないような多くの能力があり、それぞれにすぐれた可能性をもつ子どもがありますが、それは評価の対象とならず、その能力自体が学校教育の中で消失してゆく場合も少なくありません。

しかも能力主義での大きな問題は、その限定された特定能力の持ち主であることが同時に、人格発達においてもすぐれていることの裏付けであるとする、根強い偏見です。もちろんその双方にすぐれる青年もいますが、むしろ最近は能力主義的能力に恵まれながら非行や犯罪に走る子どもや青年が出てくる、それはなぜか、能力と行為の乖離がなぜ起るのか、を追跡することが、現代教育の欠陥の解明の手がかりになると思います。

情報化と能力主義は当然関連しあいます。能力主義的能力の中でも、特に情報処理能力の養成にもっとも重点が当てられるという形で。それは論理操作や因果則の適用に大きい有効性をもつ、大きな能力の一つではありますが、早期からその促進のみを主目的とするのが教育であるならば、子どもに潜在する他の諸能力を枯渇させてゆく面を見逃せません。

「操作対象」としての子ども

幼児期を考える前提として、第一に現在の社会的状況を支配する「情報化」と「能力主義」に注目しました。それとも関連する第二の前提として、現代社会のもつ「子ども観」を見ておく必要があります。

意識すると否とにかかわらず、私たちは自らの文化や社会に一般化している子ども観に基いて子どもに接し、子どもを育ててゆきます。ことに教育や保育はそうした子ども観を組織化し制度化し、いわば子どもに押しつけてゆくわけです。現代の日本での子ども観の中から、ここでは子どもをおとなの「操作対象」として見る、おとなの意図するところに沿って子どもを操作し加工できる対象とする見方が、ますます強まっていることに注目したいと思います。

たとえば妊娠や出産はそれぞれの時点で親の判断に委ねられますし、また幼児期の子育てに限っても、金銭的条件のもとに親の期待する能力の育成を専門家に依頼することができます。親の責任と愛情の証しとして、少しでも早く英才教育を受けさせると将来の有名大学への入学は近づくし、足らない能力はしかるべき塾に入れたら補足できる、というふうに。親が望む方向に向けて環境を設定すれば、子どもをその方向に向けて変えてゆくことができるという信念はますます強まっています。これは最終的にその子が社会に出る時の市場価値を少しでも高めることを目ざして、幼児期から行われてゆく資本投資に他ならないでしょう。

もちろんこのような見方を無条件に否定はできません。子どもはよき環境に置かれることが望ましいし、その環境を作る原動力になるのは、親の期待であり愛情であることもまちがいないからです。しかしこうした操作対象としての子ども観のみに頼って子育てが行われることが、今日のさまざまなゆがみを生み出していることも確かです。この子ども観には、先にあげた能力主義が強く影を落していることも見逃せないでしょう。

加工操作対象としてのみ子どもを見ることは、子どもを「物」として見ることと本質的に変りありません。子どもは小さく、親に多くを依存しているとはいえ、一人の人間として自分の生活を生き、その生涯の出発期を生きています。親でも奪えないもの、犯せないものが生れた時から備わっている存在です。その確認から出発しない限り、表面は愛情に彩られていても、子どもの「物」化は進行してゆきます。子どもに対する虐待や、おとなが自己の欲望のままに子どもを殺傷する事件が続出する時、それは愛の倒錯とされたりしますが、基本は子どもの物化に起因すると言えます。これは難しいことですが、親は自分の愛情の表われが同時にはらみやすいこの危険を常に顧みて、基本的なところでの人間的なつながりを確認しながら進むしかないと思います。

親子関係だけでなく、子どもを「教える対象」としてしか見ない先生、自分たちの制度や教育要領や保育指針を押し当てる対象としてしか子どもの意義を認めようとしない政治家や官僚の存在に見られるように、子どもへの疎外や物象化の傾向は強まって進行しています。

子ども、特に幼児は他にもさまざまの形で操作対象とされます。幼児産業の成立はそれを物語ります。トドラーショップに子どもファッションが妍《けん》を競い、書店には絵本や児童文学、育児書や子ども論がしのぎを削っています。有名校受験塾からクラブの勧誘ビラまで、幼児を対象とした市場が花盛りの感じすらあるのですが、それらが幼児の装いを美しく飾り、また幼児の生活にかつては見られなかった豊かさ(特に物質的豊かさ)をもたらしている点は確かとしても、それは端的に言えば、かつてはさほど重視されなかった幼児が金もうけの対象としての価値をもつ市場が成立してきたことに他なりません。

「子ども論」の広がり

これと一見無関係なようですが、知的領域においても、子どもの対象化は大きく広がりました。かつては児童心理学や保育学等、ごく限られた狭い領域で研究されていた子どもは、扱われる領域が増え、さまざまの「子ども論」が書店の「評論」や「思想」の棚にも登場することになりました。つまり子どもは知的概念化の対象として、社会や思想界一般にも認められてきたといえます。(現代の「子ども論」について、発達心理学的観点から批判する必要がありますが、以前に『幼児の生活と教育』(あとがき参照)で述べたこともあり、それにゆずります。)

このようにいろいろの形で子どもが対象化されることは、子どもへの関心と認識が進んだ事実を物語るともいえますが、問題は子どもを対象として扱うために生ずる距離が、逆に子どもを見るおとなの目をさえぎることにもなる点です。幼い子どももまた、われわれおとなと同じく一人の人間として、喜んだり悲しんだり悩んだりしながらその生活を生きている人間であること、そして何よりわれわれとは切り離すことができぬ「生活の共同者」として生きているという事実への認識が欠落してきます。そうならないためには、まず子どもを、その生活世界の中においてとらえることが求められます。おとなとしてこれはなかなか難しいしごとですが、本書もそれを肝に銘じてゆきたいと思います。

幼児期の不在

幼児期を考える第三の前提は、そのまま本書の目的と直接つながって来ます。それは情報処理社会と能力主義社会へのより早期からの追いこみが始まっていることです。つまり「より早く、一人で何でもできる」教育が幼児期へと侵入し、しかもそれが人間のさらなる能力の開発につながるとの信念によって、今後もより加速される傾向にあることに注意したいと思います。

そこでもたらされるものが何か、幼児に何が育つのか、また何が失われるのかに焦点をあててゆくのが保育者や発達研究者の課題とならなくてはなりません。たとえば一九七〇年代から、「幼児期では遅すぎる」との有名人のことばが脚光を浴び、それに共鳴した学者や保育者によって育てられた世代の中で、今どういうことが起ってきているかの検証も必要でしょう。

今のままでは、幼児期の生活において形成されるべきものが、情報社会への適応準備の名のもとに、それへの邪魔者もしくは不純物と見なされ、幼児期は学校教育(それも実質性が曖昧なままの)の下請け期としての意味しか与えられなくなって来ます。これこそが幼児期の空洞化なのです。つまるところ、それはそうした幼児期を通過してゆく子ども自身の発達をも空洞化し、「幼児期の不在」のままの人間を世に送り出すことになりかねません。

こうした状況の中で、保育や子育ては何を拠りどころとすべきか、その力となるべき原理的な提起はほとんどなされていないように思えます。幼児期が空洞化されているからといって、今こそ昔からの伝統的保育形態や子ども観を適用せよというのは、およそアナクロニズムに過ぎません。先ほどから述べてきた文化的・社会的教育状況に置かれている子どもに即して、空洞化した幼児期をどういう形で立て直し、それに現在的な意味を与えてゆくことができるのか。本書が目ざすのも、発達心理学の立場から幼児期の再建の仕事の基礎を据え直す試みです。

本書の構成

幼児期において何が育つのか、さらには、これからの社会を生きてゆく子どもにとって幼児期で何を育てておくのが必要か。その模索を、幼児の生活や保育の場で日常化している主要な実践行為や活動の中から、「しつけ」「遊び」「表現」「ことば」の四つを取り上げて、それぞれが人間的発達への契機としてはらんでいる問題を確認することから始めたいと思います。

取り上げる四つのテーマ自体、従来の保育の中でくり返し論議されてきた問題であり、その点から見ると、本書はきわめて保守的との批判を受けるかもしれません。また、先にあげた情報化や能力主義への批判も保守的保育論の典型と切り捨てる人もあるでしょう。しかし、右の四つの側面やテーマが現在でも幼児の生活や保育において重要な意味をもつことには変りないはずです。そして、それらが内蔵する発達的契機も基本的に変るものではありません。それをあえて今取り上げ直そうとするのは、これまでの保育書や子育て論を見る時、そうした基本的問題の自覚が稀薄なように思えるからです。

「しつけはきびしく」、「遊びは元気に」、「表現はのびのび」、「ことばははきはき」式の幼児観がこれまで保育の方針を全面的に支配してきました。その方針がまちがっているとは言えないし、また、これまでの比較的「平穏な幼児期時代」(児童期以後ではいろいろの事件が起っていても)では、その自足した方針で一見事なきを得て来ました。しかし、これまで強調してきたような幼児期への圧迫により空洞化が始まると、そうした方針はきわめて表層的な手がかりとしての役割しか果たせなくなってきます。

能力主義的、情報処理優先的社会の中を、一人の人間として誠実に自己実現してゆくのに不可欠な精神の発達基盤の形成、そうした視点から以下の各章を述べてゆくことにします。

「しつけ」(I章)では、それを単に規範の教えこみとしてだけ見るのでなく、「自己の実現」と「他者との関与」の統一という人間の生きることの基本、特に「愛する者と生きる」ことの意味を学んでゆく場としてとらえてみます。

「遊び」(II章)では、現実社会への適応準備の側面のみが強調され、また目前の機器への即時的反応がはびこる中で、遊び本来の性質をどう取りもどすかに焦点をあてることにします。

「表現」(Ⅲ章)。社会の情報化が進み、教育でも情報処理能力の養成に最重点が置かれている時、その下で無視されやすい「表現」ということが人間にとってもつ意味を、幼児期から考える時にきています。

「ことば」(Ⅳ章)については、言語教育の窮極的課題は、「ことばにおいて誠実なる人」を作ることにあるのに、現在のおとな社会では、それを欠く人間が多いこと、その原因の一つを、幼児期における言語的行為のあり方にまでさかのぼってみたいと思います。

もちろんこれら四つの側面は、一人一人の子どもがもつ側面であって重複しており、そこで培われるものも同じところに帰着してきます。それは人間として生きる基本である自己―他者関係の創出であり、行為主体としての選択性とそれに課せられた責任、自己の世界の構成と居場所の発見にかかわる問題と言えます。幼児期をして「幼児期」たらしめているものを追求してゆくと、そこに現在の社会を支配している文化に対する一つの「対抗文化」としての世界が浮かび上がって来ます。終章では、そうした「対抗文化」としての幼児の世界が、その後の青年やおとなとなった彼らの中で、どう再構成されてゆくのか、その発達的意味について考えることにします。

もとより幼児期さえ充実すれば、その子の将来は安心しうるというほど、現在の情勢は容易なものではありません。しかし空洞化された幼児期、あるいは幼児期が不在なまま成長した子どもたちが、もろに今の学校教育の場やさらに社会の中に投げ出される時の問題は、今も日々深刻さを増していることは確かです。こうした中での幼児期の再建、それはこれからの親や保育者や幼児研究者に課せられた緊急の課題というべきでしょう。

なお付言しておくと、「幼児期」とは一般に歩行が自由になり、急激な言語獲得が始まった時期から、小学校入学までの期間を呼んでいます。年齢的には満二歳前後から六歳前後にいたる約四年間にあたりますが、子どもには発達のタイプや遅速など、大きい個人差があることを忘れてはなりません。文中、子どもの実例を引く場合、その子の年齢を付記することにしますが、それを画一的にその年齢の子のもつ特徴としてすべての子どもにあてはめることは、個々の子どもの真の姿を見誤ることになります。また園での同じ組、たとえば「年少組」にしても三歳台の子も、四歳台の子もいます。この時期での一歳近いちがいの大きさは心しておかねばなりません。

I章　なぜ「しつけ」か

1 「しつけ」再考

しつけ論の貧困

「しつけ」ほど、子どもに対して、そしておとなにとっても、一般化し当然視されている営みはありません。しかしまた、「しつけ」ほどそれがもつ本来的な意味を、基本的なところから考えられずに来ている問題も珍しいと思います。

序章で述べた今日の教育状況に置かれている子どもの育ちを考え直してゆくには、その第一歩として、「しつけ」の果たすべき発達的機能の吟味から再出発することが必要となります。

子どもに問題行動が発生すると、社会はすぐその子の幼児期のしつけの不十分さに短絡させようとします。そして、近頃の親の態度の「甘さ」や「父親の権威」の喪失というきまり文句で結論づけます。よその子の失敗を、その親のしつけの失敗と断じ、わが子の社会的順調さを、自分のしつけの成功と見なしている親もいます。また一方、しつけ廃止をとなえる識者も少なくありません。それは、道徳の形式的・権威的な適用に対する逆説的批判としてはよいとしても、それではどうせよというのか、対案が示されるわけではありません。困るのはそういう識者の中に、よその子の親にはしつけ不要を説きながら、自分の子は別という人も珍しくないことです。こうした現象は、しつけの教育的論議がいかに貧困か、そして、今日の子どもたちの抱える問題や社会的状況に対していかに無力かを物語っています。いや無力どころか、現代教育界のカリカチュア化された姿とさえ思えます。また、子どもの成長発達に対しておとなや社会がもつはずの責任を隠蔽しようとするものだと言えるでしょう。

精神分析派の理論家は親子間関係のダイナミズム(力動性)について、幼児期経験の機能の一環として論じてきました。アメリカの児童心理学の、親の養育態度を過保護、干渉、厳格、放任、拒否等々さまざまのタイプに分類し、子どもの性格形成と関係づける研究を、日本でも踏襲しようとする研究者も少なくありません。これらはもちろん参考になるにしても、今のわれわれが抱える問題の解決にどれだけ力を与えてくれるか、疑問は残ります。私たちは「しつけ」のもつ働きを、より人間的なところから考え直したいと思います。

子どもの側から

どの文化においても「しつけ」が行われます。その形のちがいは文化研究の参照枠として大きい興味をそそる問題ですが、今それは措《お》きます。子ども、特に幼児にとって、しつけは欠かせません。それは人間形成の基礎として重要なものです。また今日の子どもの成長において、しつけが本来的な働きを果たしていないことを私も認めざるを得ません。それだからこそ、現在の子どもの教育と発達の検討を、しつけについて考える作業から始めたいと思います。

なぜ「しつけ」か。その再考の拠りどころを、しつけを受ける子どもの側にできるだけ引きよせてとらえてみたいと思います。これまでの「しつけ論」はほとんど、しつけをするおとなの側の観点に立って論じられてきました。それに対して、ここでは子どもが、それによって「自分の心の中に何を生み出してゆくのか」を論の中心において、しつけの意味を考えてゆくことにします。外から見る子どもの形は単純に見えても、現実の子どもの「内なる世界」ははるかに広く豊かだし、変化と陰影に富むものにちがいありません。

しつけは子どもにとってどんな役割を果たすのでしょうか。しつけによって子どもは生活習慣や善悪を知るようになるとは誰しも考えていますし、それはまちがいありません。しかし、しつけは子どもの生き方にとってそれ以上の深い意味をもっています。おとなの「しつける側の論理」に対して、子どもは「しつけられる側の論理」をもっているはずです。そして後者の論理の方が場合によっては前者の論理よりもはるかに豊かで複雑なのです。

「しつけ」の糸

「しつけ」ということばが何を意味するかは、人によって異なります。基本的な生活習慣とそのスキルを作り上げることに限って用いる場合から、社会的に許容・賞讃される行動と否認・叱責される行動を実行のレベルで区別できるようにすることを中心にする場合、さらにはそれらを「善・悪」としての表象レベルで自主的に判断できることを重視する場合など、かなりの幅をもっています。それらのさまざまなレベルを含めて論じてみたいと思います。その理由は話を進める中で明らかになってゆくはずです。

ひとまず、「しつけ」を次のように呼んでおきます。その文化社会で生きてゆくために必要な習慣・スキルや、なすべきことと、なすべきでないことを、まだ十分自分で実行したり判断できない年齢の子どもに、はじめは外から賞罰を用いたり、一緒に手本を示してやったりしながら教えこんでゆくこと。そしてやがては自分で判断し、自分の「行動」を自分でコントロールすることによって、それを自分の社会的「行為」として実践できるように、周囲の身近なおとなたちがしむけてゆく営み。場合によっては、それは「保育」ということばと限りなく近づいて用いられることもあるかもしれません。それだけ「しつけ」の中には「保育」の基本問題が集約されているからでもあります。

「しつけ」ということばに、よく「躾」という漢字があてられ、自分の身を美しくするという意味で大変いい字だと好んで使う人も少なくないようです。しかし「しつけ」という語は元来、着物を「仕付ける」ことと結びついて、私たち日本人の生活の中に根をおろして来ました。

躾という字が示唆する「礼儀作法」も、しつけの重要な側面ではありますが、着物の「しつけ」が担っている意味の方が、しつけの過程の本質をよりよく表わしていると私は思います。着物を縫う時、あらかじめ形を整えるため仮に縫いつけておくのがしつけですが、大切なことは、いよいよ着物が本格的に縫い上がると、しつけの糸ははずす、ということです。しつけの糸はもはや不要であり、それが残っていることはおかしくなります。この「はずす」ことが、子どもの発達にとっても重要な意味をもつのです。

ちなみに、外国語、たとえば英語でこれにあたる語としては training とか、discipline など「訓練」「教えこみ」という意味の語や、behavior setting（行動を作り上げる）という語を用いるようです。これらのことばは、主としてしつけの過程のはじめの部分、つまり着物の例でいうと、しつけ糸で縫いつける部分を表わしていますが、後半の重要な「はずす」方のニュアンスが感じられません。

日常の家庭生活の中での、着物を縫い上げることを指すことばが、そのまま子育てのことばとして取り上げられているところに、私たちの祖先の深い智恵とその文化を思わずにいられません。私のような古い世代は、秋の夜、母が明日の父に着せるべく縫い上げた着物のしつけ糸を、軽い音を立てながらはずしていた光景を思い出したりしますが、今の親や子どもにそうした経験はほとんどなくなったことも確かです。生活（とりもなおさず文化）の変化は見えないところでいろいろの影響をもってきます。着物を自分の手でしつけていた母親と、そうした経験の少ない今の母親とでは、子どもへのしつけ観も暗黙裡に変ってきているかもしれません。

いずれにしても、しつけは、「しつけの糸をはずす」ことを目的としてなされるものであることはまちがいありません。

2 「自己の実現」と「他者との関与」

生きることの中心課題

そこで、今、なぜ「しつけ」か。これからの子どもが生きてゆくにあたって、しつけがもつ意味は何か。子どもが「生きてゆくこと」の文脈の中にしつけを置いてとらえ直してみたいと思います。

「生きる」ということ、「生活する」ということの中心課題、それは、人間が「自己の実現」と「他者との関与」(コミットメント)という、二つの側面をどう統合して生きるかということにあると思います。人は個として、自分の思うところ、望むところ、信ずるところの達成を目ざして生きようとします。しかし、同時にそれは、ともに生きる人——その人もまた個としての自己を生きている——たちとのかかわりの中で、そしてそのかかわりを少しでもよいものたらしめる方向の中で実現してゆくことが求められます。

ここでいう他者とは、身近な個々の人である場合もあれば、自分の属するさまざまな集団であることもあり、広く社会や文化である場合もあります。発達のレベルや、その時その場の要請によっていろいろの形を取ってくることになります。

いずれにしても、人間は、自分という個としてあるとともに、類としてあります。その二つのあり方がそのまま重なり合う場合は問題ありませんが、現実の生活では、対立葛藤し合うことが多く、その解決を迫られます。それは人間存在として私たちが不可避的に担っている二律背反性であり、両義性であるといえます。意識的にせよ、暗黙裡にせよ、私たちの日々の生活はそのことへの対処で成り立っています。おとなら、自分の家庭での、また職場での行動や生き方を考えれば明らかでしょう。自分の要求やふるまいとそれが周囲や社会に対してもつ関係、共同性と責任との間の葛藤の中に私たちは生きています。

この自己実現と他者との契与の統合は、常に人間に課せられ、誰もが迫られている要請であり、解決がいちばん難しい課題にちがいありません。いや生涯をかけても正答不能な問題でしょう。少なくともよりよく生き、より誠実に自己と人に対しようとしている人である限り、このことの難しさは生活の中で感じとっているはずです。だからこそ、生きることは多くの悩みや悲しみと表裏しているのでしょう。私たち人間の共同体は、こうした解決困難な問題を互いにかかえあった一人一人の集まりであり、その解決を求めての努力こそが共同体を創り上げる凝集力になっているのにちがいありません。

「生きる場」へ

子どもが、この人間として生きることの中心課題にはじめて、そして具体的に直面し、その解決を迫られるのが、まさしく「しつけ」の場面であることを、私は以下にくり返し強調してゆくことになります。しつけの中で、子どもはいよいよ「生きる場」へ投げこまれるのです。

しつけを、生きることの文脈の中に置き直して考えたいと先に述べました。確かにしつけは基本的な習慣・スキルや礼儀作法の教え込みを大きな側面として含みますが、その観点だけに限ってしつけを見ることには、しつけの本来的な意味が覆いかくされる危惧を抱くからです。特に今日の子どもや教育の現状を見る時、その危惧をより強くします。

自己の実現と他者との関与を現実生活の中で統合することは、きわめて難しい二律背反であることを先に強調しました。その解決方法は、人間(子ども)が現実の生活の場での具体的経験として、実際に苦しい模索を重ねながら、「自分で」身につけてゆくしかないものです。外からの教え込みや強制は、時によってはその場の助けになることはあっても、それだけでは解決はありえません。

子どもはしつけの中で、いちばん好きな両親や先生が自分に課してくる要請と、自分の要求との対立に苦しみながら、そしてその中で親や先生との共同生活をどう創り上げてゆくかに悩みながら、人間の生き方の基本を学んでゆきます。それは「生きる意味」を求める態度を形成してゆく営みということができます。

今日の子どもや青年に多く見られる自分の側の意図や論理だけで人に接する態度、それが場合によっては他者の身体・生命に対する悲惨な事件にすら至ったことを考える時、その人間にとって出発点となるべき幼児期の基礎的経験が不十分なままに来てしまっているのではないか、という検討がなされるべきだと思います。それは、親が厳しさや権威を欠いていたとか、礼儀作法や善悪を教えなかったとか、道徳教育の不足とかいう形の、形式的な識者の批評では済まされない問題です。現にかつてとちがって、「あんないい子が」とか「平素は礼儀正しく愛想のよかった子なのに」と言われる子が非行に走ったりすることも多く報告されています。知識としての善悪はどの子でも(いじめをする子でも)知っていますが、「生きる意味」(自己の実現と他者との関与の統合)を求める基本的態度の形成が稀薄のまま、児童期や青年期に至る子が多くなっているのではないかと思います。

「しつけ」の復権を求める人も多いし、そのことは私も反対しません。ただその時に、「もっときびしく」とか「親や先生の権威を」とか「昔のように礼儀作法を」とか式の主張だけでは、本質的解決につながることにはならないのです。

もとより私は、今日の子どもにおけるさまざまな問題行動のすべてが、幼児期のしつけのあり方に起因していると言うつもりはありません。ことに現在の文化や情報化社会の複雑さ、おとな(特に権力者)の倫理感の低下等々、子どもを生きづらくする状況は、複合した重圧として子どもにのしかかってきています。

そうした中を生きてゆかねばならぬ子どもがまず幼い時期、生きることの基本的問題と意味、自己の実現と他者との関与の統合ということを、しつけの中でどれだけ体験できているかが人生への出発点としての幼児期のもつ意味を左右する、と言いたいのです。

「行動」から「行為」へ

「行動」と「行為」の問題から始めましょう。

幼児期に先立つ乳児期(一歳前後まで)では、子どもの欲求や要求に基く反応や行動は、おおむね親をはじめとする養育者や保育者によって基本的に受容されます。もちろん出生とともに(あるいは出生以前からも)、乳児は文化的・社会的文脈の中に置かれます。養育者の世話も、単に子ども自身の生命維持のための適応に必要な行動だけでなく、文化的・社会的生活文脈に合わせての身辺的習慣を獲得するようにと方向づけるものです。しかしそれらは教えこみとか強制という形をとるよりは、養育者自身の生活形式へと暗黙裡に子どもに方向づけをほどこしてゆくのが普通です。睡眠時間や授乳時間を一定にしていくのはちょうどその例です。

それに対して、幼児期に入りしつけが本格化してくると、事態は一変します。子どもは自分側の要求や動機、感情だけによって反応したり行動するだけでは許されなくなり、周囲からの干渉が始まります。それまでの、自分を無条件に満喫していた世界におとなの世界が侵入してきます。もう少し正確に言うなら、おとなとの共同生活を築くべき場としての世界に子どもは投げ入れられます。そこは、自分の行動が社会のもつ文化的規範に照らして批判され、評価される場です。自分の行動を惹きおこした「意図」とその表現形態、それのもたらす「結果」の連鎖が、単に自分に対してもつ「意味」だけでなく、それが他者に対してもつ社会的・対人的意味が問われてくることになります。つまり、動作や行動がそれ自体で問題にされるのでなく、何のためにそれをし、それが自分にとってだけでなく、他者にどういう影響をもたらすかという観点に立つ(たとえば「棒をふりまわす」という動作が、部屋の中ではどう意味をもってくるのかを理解する)ことを要求されるのです。

「行為」の社会的意味

このことは、動作や行動がそれ自体としてではなく、一つの「行為」としてそれがもつ社会的意味が問われてくることに他なりません。それらが「善き行為」、「悪しき行為」として意味づけられ評価されることになります。もともとしつけは、子どもに対してその行為の善悪を教えるのが原則であって、「お前はよい子、悪い子」を教えるのが目的ではありません。「お前は常にオ母サン(母親に限りません(次節参照))にとって大切な大好きな子ども」なのです。そのオ母サンから受けてこそ、子どもは罰も受け入れてゆきます。

「行動から行為へ」の最初の変換、それが「しつけ」の本質と言えます。そして、この「行為」として意味づける働き(行為の形成)こそが、これまで強調してきた自己の実現と他者との関与の統合という、生きることの根幹を担うものとなるのです。

しかし「行為の形成」は、当然「行為主体」としての自己自身の形成と表裏して行われます。それはその「行為」を生む「行為主体」として子ども自身を評価することにつながってきます。これは子どもにとって、はじめてのきわめて当惑する経験です。そして「行為主体」としての評価は、当然主体としての「責任」を問われるということでもあります。好きなオ母サンから愛され続けるためには、その人から「否定される行為」を捨て、「肯定される行為」へ向う自己努力が要請されるからです。そこでは、行為の自己選択と決定が必要となります。自己選択と決定のあるところ、「責任」が求められます。これらについては、今少し後で、詳しく考えることにしますが、いずれにしても、この新しく出会う経験を通して、幼児は「自己」(さらには「私」)自身についての自覚へと出発するのです。

青少年のかかわる問題行動や、非行の増加や年齢の低下が嘆かれていますが、発達的研究から見たそれらの要因の一つとして、彼らの対人接触が、自分の行動レベルにおいてしか処理されず、自他の「行為」としての意味づけと自覚を基本的に欠いたところで営まれていることがあげられます。今日の教育の再出発も、幼児期において、自他の行動を行為としてどう意味づけるか、という観点から、つまりしつけのあり方から見直すことが必要と思うのはそのためです。

3 愛する者と生きる

乳児の「人間」理解

しつけにおいてもっとも重要な必須条件は、それが「好きな人」からほどこされるということにあります。しつけは誰からほどこされても成り立つというものではありません。自分を愛してくれ、自分の方も愛するその人からであるところに意味があります。このことはあまりに当然すぎるからか、ほとんどの人は忘れてしまっているようです。

なぜそれが必要なのかを述べる前に、後の幼児期のしつけを成立させるための前提として、発達的にさかのぼって、乳児期における要件を二つあげておかねばなりません。一つは、乳児が「人間」を「間主観的(相互主体的)に」理解するようになっているということです。人は「物」と異なり、自分も他人も同じように行動の主体としてあり、意図や感情、心をもってお互いに、かかわり合っているということ、それを乳児は早い時期から、身体と感情のレベルでまずとらえているのです。

たとえば、生後三ヶ月ころになると、乳児は人と目をじっと合わせ、微笑を交わしたり、うなずき合ったりします。自分が相手を見るとともに、相手も自分を見ていることを感じとり、また自分も相手もともに一つの同じ快感情にあることを感じとっています。またもう少し大きくなると、自分がなめて酸っぱかったミカンをオ母サンが食べようとするのを見て、自分の舌で唇をなめながら、オ母サンの表情をうかがったりします。自分が見た美しい花をオ母サンに見せようとする場合もそうです。そしてそこでは、「自分―オ母サン―花」という三項関係の中で、人間理解や物の理解が進んでゆきます。そうした人間のもつ共同性の基礎を乳児期に経験することが、発達に不可欠な前提となるのです。

「好きな人」

そして二つ目の要件は、先の過程と重なって成立してくるものですが、いわゆる「愛着対象」の成立、自分と愛着(アタッチメント)の絆で結び合う特定の人(複数であっていい)ができ上がることです。以下ではその愛着対象を「好きな人」と呼ぶことにします。先にあげた三項関係を結ぶ人もこの「好きな人」に他なりません。

好きな人になるのは母親だけに限りませんが、母親がその中心人物になるのが一般的なようですし、以下では時によって「オ母サン」ということばで、「好きな人」全般を代表させておきます。

「好きな人」がもつ機能にふれておきましょう。その人は子どもと相互に相手の心をもっともよく「読み取り」合う人として出発し、さらに子どもの行動を「意味づけ」てくれる人となります。また「安定基地」、つまり子どもが未知の状況に踏みこんでゆく時の不安を和らげ、勇気を補給する基地としての役割を果たしてくれる人となってゆきます。

乳児は恐れを感じた状況では、オ母サンにしがみついたり、その背中にかくれたりします。未知の物や人に接した時、好奇心をもちながらも不安で近づけない時、オ母サンがその対象にどういう態度をとるかをまずうかがいます。オ母サンが笑い返してやると、乳児は安心してその対象に近づけますし、心配顔をすれば避けようとします。時には「こわくないよ、さあ触ってごらん」と勇気づけられることによって、子どもは新たな世界へ踏み込んでゆけます。

快と不快の源――オ母サンの変貌

乳児期において人間の共同性の基礎を経験し「好きな人」との関係がしっかりとでき上がっていることを前提として、その上に、その「好きな人」＝「オ母サン」からいよいよしつけ、さらには保育が本格的に始まることが大切です。

しつけが積極化してきますと、子どもから見る「オ母サン」の姿は大きく変ってゆきます。それまでは常に、自分を全面的に受容し、自分に快を保障し、不快な状況や対象を取り除いてくれるはずであったその人が、今度は自分にイヤなことを要求してきたり、したいことをいちばん妨害する存在にもなってきます。しかし一方では、今もいちばん好きな人であり、また非力な自分はその人を離れては生きてゆくことはできません。

その人は快の源であるとともに、時によっては不快の源にもなります。この、同一人物であり、同時に矛盾した性質をもった人に、日々の生活の中で、子どもは対処してゆかねばならなくなります。これは子どもがはじめて遭遇する大きく困難で苦しい経験です。もちろん、それに対処する振舞い方も、心のコントロールもまだ身につけてはいません。幼児が示すこれまでに見られなかった「拒絶反応」や「否認」、「強情」、「反抗」、時には「暴力」も、こうした矛盾への対処手段を未だもたないままの自己の表現とも考えられます。しかも子どもは、これまでに占有してきたオ母サンの愛情を自分は喪失するのでないかとの不安にさらされます。不安の中でも、これはもっとも大きい不安(時には恐怖でさえ)なのです。

精神分析派では、「良いオ母サン」と「悪いオ母サン」を子どもは区別することをあげる学説もありますが、子どもは相反する側面を担った一人の人としてのオ母サンに、全人的に対決しようとしているのであり、しかもそのベースとしてあるのは好きなオ母サン、一日たりとも離れては生きてゆけないオ母サンです。だからこそ苦しみながらも子どもは、けなげにもオ母サンを愛し続け、共生を求め続けるのです。

愛を生きる意味

人生での苦しみや悩みの中でも、愛するものとの相剋はもっとも大きいものであることは、真剣に人を愛した経験をもつ人なら知っているはずです。子どもはしつけの中で、「人を好きになる」とはどういうことか、「愛する人といっしょに生きる」ことの本質は何かを学びはじめます。それは「愛の両義性」の認識の第一歩とも言えます。

乳幼児期に何らかの原因で親からの愛情を十分に受けなかった子は大きくなって問題行動を起しやすいし、また自分が親になった時、自分の子を愛するすべを知らない、という説が一般に流布されています。いわゆる「愛情刷り込み」説であり、愛情欠乏症説です。はたしてそんなに単純に、人間の愛情の問題をその量の多少で割り切れるものか、私は疑問に思います。もちろん先に要件としてあげたように、発達の初期に愛着対象としての好きな人ができることは欠かせませんが。

私が言いたいのは、重要なのは、単にやりとりする愛が多いか少ないかというよりも、「愛することの苦しみ」の中で、人を好きになり、愛するということはどういうことかを感じとってゆく経験なのではないかということです。それこそが、将来の生活と人生を生きてゆく基本のところで不可欠ではないのか、ということです。乳児期で経験する「愛される」喜びということだけでなく、さらにその上に立って、幼児期の「愛することの苦しみ」を知るということが人間の成長にとって大事なのです。その中で子どもは叱られたり、ほめられたりしながら、自分の行為や生きること、さらには自分という存在のもつ意味を探りあててゆきます。反抗期の子どもの、泣きじゃくりながらオ母サンに抵抗したり、また許しを求めている姿が宿す純粋さとけなげさに、見る者は感動すら覚える場合があるのもそのためです。

「好きな人」からしつけられることの必要を私が説いてきたのも、右のような理由によります。そしてそれは、「なぜしつけか」についての第一の答えでもあります。

しつける側の不安

そしてつけ加えるなら、愛する者と生きる苦しみや困難さは、しつける側にとっても同じといえます。今まで、可愛さだけであったわが子が、自分に対して否定や否認、反抗的態度をとってくるのです。オ母サンのほうも本気になって叱りつけたり、時には涙が出てきたり、わが子ながら憎らしくなってくることも珍しくありません。子どもに対して、自分の方がどう振舞っていいかわからぬ不安にもさらされます。未熟な親がその苦しみにたえられず虐待に走るケースは、今は多く報告されていますが、そのほとんどは、それをしつけの罰として行ったのだと答えています。もともと乳児期における愛着関係の成立の問題は、子ども側についてだけ言うのではありません。親にとっても愛着対象としての子どもが成立しているかどうかという、相互性が重要なのです。いかに腹が立とうとも、子どもは愛すべき自分の分身であることが親のベースとして確立されているかどうか、虐待の問題もそこまでさかのぼるはずです。

そして親自身も、愛する子といっしょに生きるとはどういうことかをしつけの中で経験してゆかねばなりません。乳児期からの相互交渉を通して形成される基盤が脆弱のまま、しつけという事態に直面し、その苦しみから子どもの虐待に至って常習化してゆく場合が心配されます。もちろんそうした親たちの多くもそれなりに子への愛、子からの愛を求めている、とも言えます。自分たち親子の間に「愛がない」と言われることをいちばん恐れている節もあります。虐待の原因や機縁は複雑でいろいろのタイプがあるようだし、さらには夫婦間の問題や経済的問題などの背景は無視できません。

いずれにしても、しつけの場面では、子も親も双方が苦しみながら、愛する者と共生してゆく方法と、さらには「愛とは何か」を模索しつつ生きてゆきます。

4　問題解決場面としての「しつけ」

自分の要求・他人の要求

愛する人と生きることの基礎を身につけることの中にしつけのもつ本質的意味を取りもどそうと述べてきましたが、これまでにあげた事柄を、もう少し具体的な形でとらえてみます。しつけを、受ける子どもの側から見る時、それはどういう事態として受け入れられるのでしょうか。

おとなの側からすると、しつけは自分たちが「正しい」「当然」と信ずる規範を、子どもに無条件に当てはめてゆくことと考えられます。それがおとなとしての、親としての、保育者としての「責任」に基く不可欠の行為であることは疑いません。そのこと自体はまちがいではないとしても、その際、そのしつけを強制される子どもの側から見るとどうなのかを、おとな、なかでも特に保育をしごととする者は考えておかねばならないはずです。

しつけの場面は、子どもからすると、それは「問題解決」状況と言えると思います。しかもはじめて遭遇する大きい場面にちがいありません。先に、二つの矛盾する側面をもったオ母サンにどう対処するかという、難しいはじめての経験だと言いましたが、その内容をより具体的に言うと、それは「自分の要求」と「親(先生)の要求」の対立葛藤する場への遭遇です。自分のしたいことを親はさせまいとし、親が求めてくる行いは、およそ自分のしたくないことがほとんどです。しかもそこに賞罰がともなってきます。そして言うまでもなく親(先生)の要求は、その背景としての文化や社会のもつ規範に基いています。彼らは子どもにもっとも近い味方であるとともに、自分に対立してくる社会の代表者であり、その執行機関であるわけです。彼らは子どもをその文化や社会に参入させ、構成員として登録すべく、強制力をもって臨んできます。それは子どもにとっては社会との対決の出発です。

そこで、「自分はどうふるまうべきか」が、いわば「従うべきか、背くべきか、それが問題」となります。自分の要求と親の要求の対立するこの事態をどう解決すべきか、その方法(行為)が子どもに問われてくるのです。子どもにとって、生活の中で、はじめて自己の行為の意味が問われることを自覚する、典型的な場面と言えます。

解決の選択肢――「従うべきか、背くべきか」

この大問題を解決するための方法としては、三つの場合が考えられます。

第一は、相手の要求や要請を無視して、自分の要求だけを貫き、即刻その実現を求める方法です。第二の選択肢は逆に、自分の要求を放棄し、相手の要求に服従する方法です。

単純化した例で言うなら、どうしても買ってほしい玩具を見つけたのだが、オ母サンが認めてくれないような場合です。そこで店の前で座りこんだり、泣きわめく手があります。かつてならその子の尻をひっぱたいて、強引につれて帰るオ母サンもあったでしょうが、最近では、そこまで「デキル」オ母サンはかえって珍しいかもしれません(その背景には、かつての生活に比べて、現在は経済的に余裕ができ、子どもが多くの玩具を手に入れていることもあるのは確かですが、その問題はしばらく措くとします)。この方法はもっとも直接に自分の要求を実現します。

ただし、この場合は家に帰ってから罰が待っていることを覚悟しなければなりません。「もうお前はよその子になりなさい。オ母サンは知りません」のように。こうした自分の要求のみに固執し、オ母サンの要求を拒絶ばかりしていたら、オ母サンはもう自分を愛してくれなくなるのではないか、今まで、いや今でもいちばん好きな人であるオ母サンを失ってしまうのではないか。この愛情喪失の不安こそ、子どもがもっとも恐れるものです。しかしまたそうした不安にさらされながらも、どうしても欲しい物、したいことを求め、いやなことを拒否しようとする時の子どもの心の中の葛藤を、誰かはわかってくれるのでしょうか。

一方、第二の、相手の要求に身をまかす場合ですが、こちらの方は自分を捨てさえすれば、「いい子だ」「おりこうだ」と賞賛にありつきます。自分の要求を捨てるのはつらいけれど、それさえ目をつぶれば、何といってもオ母サンと厄介なトラブルは避けられます。表面的には、しつけがうまくいったようにも見えます。しかし考えてみると、これでは簡単に自分を捨て、権威をもった親に迎合することによって、自分の責任を相手まかせにする安易な解決にもなりかねません。

今見てきた二つの解決方法は、自他いずれかの要求を切り捨て、一方だけを無条件に選ぶという安易な選択に終りやすく、そこから本当の意味での自分の「行為」が育ってくることは少ないでしょう。前節との関係で言えば「愛することの苦しみ」を知る経験は入りこみそうになく、その後の積極的な「自己」の形成にもつながりません。

そこで第三の方法が求められます。それは相反し対立し合う要求同士の択一的決定を求めるのでなく、その対立を自己の内での葛藤として受けとめ、両者を生かし合い、共存させるような新しい関係を自分で模索し、発見してゆく方法です。

相手を一方的に圧倒しようとするのでもなく、また相手に無条件降伏するのでもなく、両立させてゆく方法、自分の要求を相手も認める形で実現するにはどうすればよいのでしょう。また相手からの強制を少しでも自分が納得する形で受け入れるにはどうすべきか、そのためには自分は何を辛抱し、何をどういう形で主張すべきなのか、ここが悩みどころとなります。

先の例にもどるなら、店頭の玩具は今ほしいのだが、オ母サンはダメと言う。それならそれを二ヶ月先のお正月のお年玉としてほしいと交渉する、また前から要求していた別の玩具の方はあきらめる代りに、今度の方を頼むとか、あるいはこれからは代償として、夕食後の食器運びを手伝うとか、いろいろの折衝を考えたりする方法です。もちろんこうした方法を子ども一人で考え出すことはかなり難しく、親の方から提案して助けてやる場合も多いことと思います。

この第三の方法のためには、まず要求の即刻の実現を延期しなければなりません。そしてその間も自分の心の中で要求を忘れることなく、もち続けなければなりません。また、自分のいくつかの要求同士が自分に対してもつ軽重を比較吟味する必要も出てきます。そうした中で、それまでは自分の要求とそれを求める行動が単純な形で短絡していたのが、目的―手段関係として自覚され、それに即した検討も可能になります。

「待つ力」——自我の働き

それらの中でも、特に「待つ」という働きに注目しておかねばなりません。要求の実現を延期し、その間も心にその目標をもち続ける働きです。たとえば、どうしても乗りたいブランコにすでに友だちが乗っていた。そこでの解決法の一つとして、その友だちを引きずりおろして、自分が乗る方法がありますが、それは先生も皆も認めない行為です。それでというので、ブランコをあきらめてスケートに乗りにゆく方法もあります。それも一つの解決方法ですが、乗りたいと目ざすブランコをそう簡単にあきらめるのは早すぎます。そこでの第三の方法は、「順番を待つ」方法です。

列になって順番を待っている子どもの姿を観察するのが私は好きです。いろいろのドラマが子どもの心の中でも行動面でも進行するのが見られるからです。懸命に辛抱していますが、そのうちに待ちきれず、乗っている子どもの横に行って、つかみかからんばかりに抗議してみたり、また列にもどって地団駄を踏みながら待っています。そのうちに、誰かから、乗るのは一人二十数える間にしようと提案が出てきたりして、皆で声を合わせて数えているうちに、結構皆楽しみだし、個人遊びだったブランコ乗りが一つの「協力遊び」的性質を担ってきたりすることも珍しくありません。何歳ころから「順番を待てる」ようになるのか、園の先生に尋ねますが、待つことはかなり難しく、少なくとも五歳台になってからとの答えが多いようです。

「待つ」という営みは、自分の目的達成を延期し、自分の中で自分の要求を抑えながら維持し続けることです。その間、地団駄踏みながらでも自分の行動をコントロールしているもの、また自分の要求同士を比較検討し、それらの中からいくつかの行動の選択肢を考え、他人とのかかわりを勘案しながらその一つを決定してゆく働きの担い手、それを心理学では「自我」と呼んできました。問題解決場面で、自我はより明確なものとなり、その力を強めてゆきます。しつけの不十分さの問題は、単にそれが礼儀作法や善悪の知識を不十分にするというだけでなく、発達の中核となる自我の育ちを脆弱なものにしてしまうという点なのです。

その場その場で、場当たり的に反応するのでなく、自分の立てるプログラムの中で自分の行動を切り盛りし、その都度決定権を行使してゆくのが「自我」の役目であり、それはまた「行為主体」と呼ぶことができます。たとえば、「好きなケーキ」を食べてから「苦しいピアノ練習」をするか、その逆にするか、それを決めるのは子ども自身です。そしてそうしたくり返しの中で、苦しみの前の喜びよりも、苦しみの後の喜びの方が数倍大きいことを子どもは学んでゆくでしょう。それは食べ物に限らず、後の人生でのすべてにあてはまる原則のもとを知ってゆくことになるのです。

最近の子どもはこうした「待つこと」の中に、自己の行為や未来についてのタイム・パースペクティヴ(時間的展望)を作り出してゆく力が弱化しているのではないかと思う節によく出会います。現代社会の能力主義、特に能率主義によって教育や保育がますます侵害されて、そこでは即時判断のみが要求され、「遅いこと」「時間をかけること」「捗《はかど》らないこと」「あれこれ迷うこと」はよくないこと、劣っている証拠と無条件に決めつけられる、ということと無関係ではないでしょう。もちろん計算は速いにこしたことはありません。しかし、子どもが時間をかけている時こそがその子の自我がいちばん機能している時ではあるはずです。

「人間は努力している限り惑うもの」とゲーテは言いました(『ファウスト』)。それは子どもでも同じです。時間をかけること、待つこと、惑うことの蔑視は、「努力すること」の否定につながりかねません。子どもが「待つ」のを、親や先生がどう「待ってやる」か。現在の教育や保育、そしてしつけの場面は、そうした角度から見直さなくてはなりません。

5　おとなの「非合理性」と子どもの「誇り」

「手本性」「一貫性」「合理性」のかげに

次に述べることは、一般に流布されているしつけの心得とは相反することになるかもしれませんが、しつけの意味を考える時、私は見逃してはならぬ視点だと思います。

一般に必ず言われるしつけの準則の第一は、親(先生)は常に子どもの「手本」、モデルであり、「権威」の源でないといけないということです。

次に必ず、しつけの「一貫性」が言われます。同じことをしているのに、賞罰の与え方が時と場合によって、また父親と母親(先生同士)によって異なってはならぬというのがそれです。

加えて、「合理性」、つまり無理の押し付けでなく、叱る時もその理由を静かにわかりやすく言い聞かせてやれと言われます。昔はしつけは無条件で、説明は不要とする人も多かったようですが、最近はわかりやすく納得させてというのが準則になってきたようです。

「手本性」「一貫性」「合理性」がしつけにとって欠かせないことは言うまでもありません。たしかに、子どもに早起き習慣をつけようとすれば、親自身早起きでなければならないし、「ウソをついてはならぬ」と教える時は、先生自身がウソつきでは話にならないでしょう。ただ、これから私が考えたいのは、それらは準則であることは確かですが、これまで述べてきたことに照らす時、問題はそう簡単にゆくものではないという点です。しつけは、先にくり返し述べてきたように、親(先生)と子どもという特定の人間関係で行われるものです。三つの準則を実施するだけなら、ロボットにしつけは委せる方がいいことになるかもしれません。

しかし、しつけの対象となるのは物ではありません。あくまで人間と人間の関係です。中でももっとも人間的な営みです。そこから準則を見直すとどうなるでしょうか。完全な準則だけに目を奪われる時、現実の親子関係がもつ側面が果たしているきわめて大切な働きが忘れられてしまうことに注目したいと思います。

子どもの「誇り」

はたして、親はいつでも不変で完全な手本でありうるでしょうか。一貫して誤ることなく、賞罰を適用できるでしょうか。また常に合理的精神と態度を堅持して子どもに接することは可能でしょうか。もちろん親の行為がいいかげんであったり、場当たり的な賞罰ではしつけは成立しませんし、また、非合理的な強制のための強制は、子どもの心そのものまでを破壊します。

しかし、子どもの行動に随伴して正確に与えられる賞罰の効果は、特に初期では無視できぬとしても、それだけでしつけが成立するなら、それは動物の調教と変りないでしょう。そしてまた賞罰のみに終始するしつけは、一種の功利的打算主義を育てることになりかねません。利にありつくから行い、損になるからしない。それは倫理と相反するものです。

はじめは、自分の快・不快原理にしたがって行動し、親の言うことに反抗していた子どもが、やがて賞罰によって飼い慣らされ、親に服従してその言いなりになってゆくのがしつけの過程だとしたら、幼児期はまさに子どもがおとなに敗北してゆく屈辱の歴史に他ならないでしょう。

子どもが、真にしつけに立ち向い、それを真に受け入れてゆく過程は決してそういうものではありますまい。しつけを受け入れ、そしてさらにそこから脱却してゆくことを可能にする原動力は、子どもが自分自身についてもつことのできた「誇り」であり、「自尊心」なのです。はじめにふれた「しつけ糸をはずす」おとな側の仕事は、子ども側にこの「誇り」と「自尊心」を育ててゆくのを手助けする行為とも言えます。

「早起きはつらいけれど、自分はできるのだ」、「お手伝いすることでオ母サンを助けるのだ」、「相手が叩きに来ても自分は叩かない」、「遊びに行きたいけれど、弟の守りをしてやるのだ」……。子どもがよいことをした時、人間的な親（先生）は、それを形式的に「ほめる」よりも、自分自身が「喜び」ます。親（先生）が自分の行為を喜んでくれること、これほどうれしいことはありません。そして「自分はオ母サン（先生）を喜ばすことができる人間なのだ」という子どもなりの自覚、これこそが、しつけから脱け出し自らの自立性をうちたててゆく、もっとも大きな拠りどころとなるものなのです。

それまでは、拒絶や反抗ばかりしていた子が、自ら進んで自分のよいところを人に見せたり、親や先生に自分が「よい子」であることを示そうとするふるまいが出てくる時期があります。「寵愛期」か、「優美期」と呼ばれたりしています。精神分析派の学者たちは子どものナルシシズム（自己愛）として解釈するようですが、私は子どもの誇り、自尊心への第一歩と考えます。

こうして子ども自らが心に生み出してゆく行為主体としての自分の「誇り」「自尊心」が、

しつけからの脱却だけでなく、その後の児童期、青年期を通して子ども自身をいちばん深いところで支える力の中核をなしてゆきます。しつけが人生の基礎となるという意味は、生活習慣のスキルや善悪知識を身につけるということだけでなく、自己への信頼と自尊心の第一歩を、しつけの中で踏み出してゆくことにあると思います。

おとなの「非合理性」

子どもの「誇り」と関係して、親(先生)の側の「手本性」(権威性)「一貫性」「合理性」について考える必要があります。先にもふれましたが、それらはしつけの準則ではあるとしても、内実はもっと複雑であり、そのしつけのもつ複雑さが子どもの人間的発達に対して大きい役割を果たしているからです。子ども理解のためにもそれは重要です。

親も先生も現実に生きる人間です。多くの不完全や矛盾をはらんで生きており、子どもとの関係は強い要求や感情に彩られています。親(先生)の行動や賞罰の与え方は、その場の状況によって強く左右されます。親(先生)自身も気づかぬまま、あるいはついはずみで規範を踏みはずしていること(たとえば朝寝坊したり、ウソをついたり)が珍しくありません。また子ども自身が悪いと気づきながらやったことを先生がほめてくれたり、自分は正しい動機からやったのに親はそれを理解してくれず、逆に叱られたりすることもあります(たとえば自分は弟が泣いているのであやしてやろうとしたのに、ォ母サンは自分が弟をいじめて泣かしたと叱る、など)。このように、子ども自身が戸惑うことは、しつけの中でもよく出てきます。

父親と母親とで、また先生同士で賞罰の与え方がかなりちがってくることも、子どもは早くから知ります。この、相手(ひいては人間個人)によるちがいに対しては子どもはきわめて敏感だし、また子どもの方がそれをうまく利用してゆくこともあるのは、子どもと身近に接した経験のある人なら誰しも知るところです。しつけの内実が複雑だというのは、このようなことです。中でも、子どもがいちばん当惑するのは、ある規範の遵守をくり返し子どもには要求しながら、親自身はそれを守らず、そのことを子どもが訴えると、最後は問答無用式に権威をふりかざして無視されてしまう場合です。

子どもは四歳になるとこのような理不尽にはかなり気づいてきます。五歳ともなれば、おとなの身勝手への自分流の批判をしっかりもっている場合が珍しくありません。

いずれにしても、子どもはこうした非合理性と矛盾をもった「おとな」に対処してゆかねばなりません。それも「しつけ」と呼ばれる事態の中で、受け身の形をとりながら。

今右にあげてきたような例は、形式的なしつけ論では、もちろんあってはならぬ悪いしつけとして切り捨てられます。こうしたおとな側がしつけの中で示す不完全性や非合理性を全面否定するのは簡単ですが、私はそうしたくありません。それが子どもに対してもつ意味、特にそれがもっている発達の契機としての意味についても考えておかねばならぬからです。

倫理的感情の出発

それはなぜか。もちろん準則の全くの無視や、非合理性の無条件的容認は許されません。非合理性は権力的独裁主義を生むもとですし、しつけの中でそれが極端化するときは子どもの人間としての実体性をうばい、さらには心と人間性を破壊してゆきます。そういう例は今日多く見られるところです。

しかし、しつけの前提として先に述べた、深い愛情関係と相互信頼性の確立した中にあるならば、「好きな人」が無意識的に演ずる非合理性や矛盾、欠点は、「人間」というもの、「人間関係」というもの、さらには「社会」というものがはらむ性質を、子どもが学んでゆく機縁となってゆくことも見逃せません。そしてさらに、人間の生きるための「倫理的感情」とも呼ぶべきものの基盤を培ってゆくことにもつながってきます。

というのは、相手はたとえ非合理的であり、非倫理的であっても、自分はそれにたえながらなおかつ正しさを追求し、悪への同調を拒否してゆくのが人間としての生き方の基本だからです。

しつけの糸をはずすとは、先に述べたように、賞罰とは切り離し、「正しいことは正しいがゆえにする」、「悪いことは悪いがゆえにしない」という態度を実践的に身につけてゆくことにあります。たとえオ母サンがまちがって叱っても、自分の動機が正しい限りは、今後もそれを捨てないし、また賞にありつく可能性はなくても悪いことはしないという信念は、しつけの中の親や先生の示す非合理性に対処しながら身につけてゆくことが少なくないのです。そしてそれを支えているのは先に強調した、子どものもつ自己についての誇りであり、自己の力への信頼です。すべてが合理的に設定され、正しい手本ばかりが周囲を取り巻いている環境の中で、はたして子どもは、非合理性への抵抗感や悪を拒否する誇りという倫理的感情を育てることができるのでしょうか。

伝統的な精神分析派の理論として、幼児は親に同一化し、親のもつ価値基準と態度を自分の中に取り入れて「超自我」を形成し、それが自己を監視する「良心」となってゆく、というものがあります。大筋としてそうだと私も認めますが、それだけで倫理的感情は育つのでなく、私は、親のもつ非合理性への対処経験こそが大きな力をもつと考えます。

今、社会は非合理性に満ちています。ずるい者ほど権力や利益を手にし、正直者ほどどしいたげられ、損ばかりする社会といっても過言ではありません。そしてその権力者たちはダブルスタンダードの上に立って人びとに「道徳教育」を説きながら、自己に関しては倫理観を一切放棄し、利得の追求に明け暮れています。こういう仕組みがますます進行してゆく中へ、今の子どもは投げ出されてゆきます。その中で生活者としての誠実さをもち続け、地道に生きる「倫理」を貫いてゆくことは、ずいぶん困難なしごとです。子どもは、しつけの中のおとなの身勝手さに対抗し苦しみながら、非合理性への耐忍性と誇りを学んでゆくことを、見逃してはならぬと思います。将来の生活における非合理性や不正への抵抗の基礎となる態度と力は、どういうしつけから育つのか、これからの大きい検討課題と考えます。

「人間」とは何か

しつけにおける「人間性」について話をもどすことにしましょう。

くり返しになりますが、非合理性の積極的効果もそれが愛情で結ばれた好きな人との信頼関係の中で働くことを前提としますし、そうした関係が動揺したままの中で出てくる非合理性は子どもの人格や発達を阻害してゆきます。

しつける者の「権威」は大きい要件の一つですが、それを全面的に強調するだけのしつけは、形式主義の域を出ず、ましてやこれからの複雑に多様化し、多価値化してゆく社会の中を生きてゆく子どもの力の基礎になるかは疑問です。私は「甘い」との批判を受けるのは承知の上で、しつけは「人間的なもの」、人間の行う営みの中でもすぐれて人間的なそれだと思います。はじめにかかげたように、それは「自己の実現」と「他者との関与」という生き方の問題の根幹にかかわる営みであり、しつけを受ける子どもの側にとってだけでなく、しつけるおとな側にとっての問題でもあるからです。

親や先生が手本であるということは、よく言われる「子どもは親の背中を見て育つ」にしても、親や先生が規範そのものであるということと混同して説かれることがよくあります。これには注意しておかねばなりません。押さえておくべきは、親もまた、自らも欠点をかかえながら、子どもと同じく正しい規範に従うべく努力している、その姿を子どもは手本とするということなのです。自分が尊敬し、大好きなオ父サンでも、早起きをするためには努力しないとできないのだと知ることが、子どもの努力を支えるのです。毎朝まちがいなく早起きで、子どもが起きた時にはもう必ず起きているオ父サンよりも、時には朝寝坊し、オ父サンと子どもが布団の上で並んで顔を見合わせ頭をかいているような家庭にこそ、人間的なしつけが根づいていると言ってよいのかもしれません。そしてそうした中でこそ、「オ父サンは疲れているのだから、今日はゆっくり寝られるよう、自分は見たいテレビでも見ずに辛抱しよう」という「行為」も生み出されます。

しつけの成立は、子どもが自分を親に「同一化(同一視)」することによると言われていますが、それは「完全な模範」としての親よりも、自らも「欠点」や「弱さ」を抱えながら少しでも正しく生きようと「努力」している親の姿に同一化することによるのだと、私は思います。

常習化した自堕落、わがままは問題外としても、日常生活の中で尊敬する先生や好きな親が時には示す誤りや失敗、激しい感情表出などが、子どもを強い不安や当惑に陥れることがあっても、愛情と相互信頼が基礎にある限りは、それは「人間」そのものが必然的にもつ「弱さ」や「愚かさ」を知る機縁になってゆくことも見逃せません。そこで「人間として」の親や先生に対する親しみを深めてゆく場合が少なくないのです。それは上下関係における親や先生ではなく、自分と同じ人間的地平において生きる親や先生の発見です。子どもは、しつけの中で、身近な親しい人を通して「人間」というものを学んでゆくと言えます。

生活者同士としての親と子

先に子どもは、父親と母親、先生同士のしつけ方のちがいに敏感だと言いましたが、しつけ期を一応通り越して一年生になった一人の女児がある日こんなことを言いました。自分の家庭での、母と父、祖母と祖父の自分に対する態度を、「コワスギ」「ウルサスギ」「キビシスギ」「ヤサシスギテキミワルイ」と評したのです。家族の各おとなの自分に対するしつけ方の評価にとどまらず、それを各人の性格特性として言及しているという点で、興味深い現象です。

子どもは家庭のしつけの中で、「人間とは」「人間関係とは」「生活とは」、さらには「人は個々に性格をもつ」ことを知ってゆきます。それは同時に保育所や幼稚園生活で、一人一人の先生や友だちとの交わりを通してより広い世界の中に、自分という存在を位置づけてゆく過程と表裏します。しつけは人間的なものです。親や先生は自分を権威化し、絶対化することに腐心するのでなく、常に人間の生き方の原則を自らも模索しながら、子どもと共同生活を実現してゆかねばなりません。自分が誤りをおかした時や、失敗した時、また自ら規範に反したと気づいた時や、子どもに迷惑をかけたと思った時、子どもに率直に「謝れる」人間であるべきだと思います。

子どもがしつけとの格闘の中から身につけてゆく誇りと自尊心の大切さを何度も強調しましたが、しかし、それを子どもが自分一人だけの力で身につけてゆくことは、きわめて困難な作業です。そこに親や先生の深い理解とやさしい援助が不可欠です。しつけが子どもと大人の共同作業であるゆえんもそこにあります。親も先生も子どもも、互いにより人間的な結びつきを実現する生活を目ざしての共同者であり、「戦友」と言えるでしょう。

私はよく中島敦《あつし》を思います。「山月記」や「李陵」の作者は、子育ての中の我が子と自分を詠みました。

わが父ゆわれの伝へし寝坊なればチビも嗣ぎけむ今朝も未《ま》だ起きず

昨日《きぞ》の夜の寝小便《しくじり》をいへば照《て》れゐしがやがて猛然とうちかゝりくる
叱らでも済みけるものを後向《うしろむ》きてべそかきをらむチビ助よ許せ
何しかも吾《あ》は叱りけむ今にして親のエゴイズムをしみ〴〵と思ふ
オド〳〵と思ひ惑へるチビ見れば夫婦喧嘩はすまじきものか
教育の方針なんぞあらねどもヴルガァにだけはならざれと思ふ　（ヴルガァ＝卑俗な）
我が性質《さが》を吾子《あこ》に見出でて心暗し心暗けどいとしかりけり

（『中島敦全集』第二巻、筑摩書房）

6　しつけと知的発達

しつけの中で

はじめにもことわりましたが、しつけということをかなり広くとらえ、そして子どもがしつけの中で何を自分の中に育ててゆくのかという観点に立つ時、これまでのしつけ論とはかなり異なる点が、発達心理学的に重要な意味を担って立ち上がってきたと言えます。それは生きる原型としての自己の実現と他者との関与の統合ということを機軸にして、愛することのもつ両義性、自己と他者の要求の対立葛藤の解決、行為主体としての自我、非合理性への耐忍性、誇りと自尊心、倫理的感情、人間観と生活観など、人間としての発達に必須の基盤が、「しつけ」を通して、子どもの中に形成されるのだということです。それらは、子どもが今後ますます錯綜する社会を生きてゆくのに不可欠な拠りどころとなるものですが、現代のしつけがそうした拠りどころを欠いた稀薄なものとなってゆくということを危惧せずにはいられません。

子どもが「しつけ」の中から獲得し形成してゆくものは、これまでにその重要性を指摘してきたことのほかにも少なくありません。それらは最近の発達心理学研究との関連からも興味深い問題を含んでいます。すべてをあげる余裕はないので、ここでは主として知的発達と関連するものの中から若干をあげておきます。

自他の相対化

まず第一に、従来のしつけ論は知的発達と独立した別個の文脈でしか考えられずにきました。しかし、しつけと知的発達はきわめて密接に影響しあいながら一体化して進みます。ことにしつけの状況は知的機能を喚起します。先にしつけとは自己―他者関係の出発であり、そこでは子どももおとなも自己の要求と他者の要求の対立葛藤という、基本的・典型的な問題解決状況に置かれることを論じました。その解決では当然「自分の観点」だけでなく、「他者の観点」

に立つことが必要となります。幼児は自分の立場だけにとらわれ、相手の立場に自分を置いてそこから状況や世界をとらえ直すのが難しいということが古くから指摘され、「自己中心性」(ego-centrism)ということばが幼児の特性を表わす語として広く用いられてきました。自他の観点だけでなく、二つ(またはそれ以上の複数)の観点や側面を統合的にとらえることは、後の児童期の中頃までを待たねばというのが、認知発達についての定説となってきました。たしかに知能テストや実験、また学校の教科でのような概念的論理的関係づけを求められる場合は、幼児は困難を示すことが多いのですが、現実の生活場面での行動の中では、自分のみならず、相手の観点をも考慮に入れようとする行動がかなり進んでくることが観察されます。現実そのものがそのことを要求してくるからです。

そしてしつけの中では、特にその傾向がうかがえます。むしろ、しつけ場面での自他関係の対処への努力の中でこそ、自己と他者の相互の観点や立場を照らし合う認知能力の基礎が形成されてゆくことを見逃してはならぬと思います。

「心」への気づき

二つ目にあげたいことは、先の自己中心性の克服ということとも関係しますが、最近の認知発達研究のテーマとして、「心の理論」(theory of mind)ということが盛んに言われています

(一種の流行にもなっている面もありますが)。「心の理論」とは、子どもが「人間は心(外から見えぬ)をもっていて、その心によって行動が生み出されている」ことを理解し、それによって人の行動を予測したり説明しようとすることを呼んでいます。かつての認知研究が個体中心主義であったのに対して、他者の心の認知を取り上げようとしだしたことは一応注目されます。現在のところ、仮想実験場面による研究を中心に、心の理論の成立期を四歳以後に置くものが多いようですが、これについては、II章の「遊び」の中でも取り上げることにします。

ここで私が言いたいことは、心の理論が成立するとしたら、その形成にいちばん大きい力をもってくるのは、「しつけ」での経験ではないかということです。そこでは、オ母サンの行動の中にある、意図、感情、価値観と、自分のもつそれらとの齟齬、対立を経験し、その相手への対処方法を考えざるを得ないからです。そこでは行動の中に表われる相手の心の解釈が迫られます。それまでは、子どもはおおむね情動的交流を主体にした中で、自己と他者の存在を相互に感じとっていた関係(三五頁に述べた「間主観的関係」)が、しつけでの対立葛藤の中にさらされて、自他の異同について意識することへと大きな転機を迎えるからです。

「真実」とは何か——行動とことば

三つ目は「ことば」の問題、より正確には「言うこと」(saying)、「言語化すること」(verbalization)がもつ働きについてです。これは大きいテーマで、後にⅣ章で改めて取り上げることにして、ここではしつけとの関係で少しふれておきます。しつけとは行動あるいは行為についての問題であり、したがって「スルこと」(doing)、すなわち実践(practice)の問題です。しかし、しつけも進んできますと、当然ことばが介入してきます。しつけの目的は「行動」を「行為」として意味づけ、価値づけることにあると前に言いましたが、そのためには、そこに「言語」さらには「文化」が介入することが避けられません。しつけも中盤からは、親や先生が子どもに「言い聞かす」ことが急増し、また子どもも自分の行動の動機や感情状態を「ことばで」説明することを要求されます。「アカウンタビリティ」(説明責任)が生れます。

幼児期での発達で重要なのは、子どもが行動と言語、自分の「スルこと」と「言うこと」の間を往き来すること、行動をことばに翻訳し、またことばを行動に翻訳するという両者の相互干渉です。それによって行動は意味をもち、行為としてのレベルで展開されるようになります。自分のしつけは、そのことがいちばん具体的に現実性をもって子どもに求められる場です。自分のしたことを、親や先生(時には友だち)にどう「弁明」するか、同じ行動でも、それをどう言語化するかによって、叱られることにもなり、ほめられることにもなったりします。

さらには先にあげた例からもわかるように、自他の要求の調停のためには、ことばを用いて相手と「折衝」する技術が必要になってきます。

また、オ母サンが見ていなかったところでの自分の行為について問われた時、それをどう説明するかという場合も多くなってきます。いい意味でも悪い意味でも、子どもが「ホント」と「ウソ」、「事実」と「偽り」という体験を知りはじめるのも、その中においてです。生活における「真実」とは何かという哲学的問題をも、子どもは「しつけ」の中で考えはじめるところまで来ると言えばうがちすぎでしょうか。

社会的知能

一般に「知能」という時、ものごとを論理的概念的な形で抽象化し、思考する能力として考えられて来ました。それに対して、最近、人間関係にかかわるさまざまな情報を処理したり、対人場面での問題をより効果的に解決してゆくのに必要な能力を「社会的知能」と呼び、知能研究の幅がひろげられました。

先に見てきたしつけの要件として、その成立に参加し、またしつけの中で形成され発達してゆく態度や、もろもろの技能と知識は、その「社会的知能」の中心をなすものと言えます。したがって、しつけが子どもの社会的知能の発達の場として大きな意味をもつことを確認しておかねばなりません。

従来のしつけ論は、道徳性と社会性の発達という側面に視点を局限し、子どもの全人的発達には目を背けてきました（「心の教育」論はその典型です）。しかし、このように見てくると、自他の観点の相互参照、他者の「心の理解」、「言語化」による「説明」や「折衡方法」の獲得、「事実と虚偽」の区別など、知的発達の中心たる認知機能の形成過程の中に、しつけの効用が参加し、大きい役割を果たしていることを強く指摘しておきたいと思います。

そしてその知的発達は、より高次のしつけや倫理性の成立を可能にしてゆくことも、つけ加えておきます。

幼児のしつけのもつ意味とそのさまざまな働きについてかなり長く述べてきました。このようなしつけの中で、その中でこそ育つものが、今の子どもにはたしてどれだけ育っているのか、もしそれが不十分な形でしか育っていないとしたら、それは当然その子どもの児童期以後のさまざまな側面に、さらには「生活者」としての全人的体験の仕組みと、全人的発達のあり方をきわめて脆弱なものにしてゆくのではないか、そうした危惧をもう一度くり返しておきたいと思います。

Ⅱ章　なぜ「遊び」か

1　遊びと発達

「しつけ」と「遊び」

I章の「しつけ」とはむしろ対照的とも考えられる問題、「遊び」を取り上げましょう。

対照的と言うのは、しつけは子ども自身が好むと好まざるとにかかわらず、外(社会)から「課せられる」ものであるのに対して、遊びは、本来子どもが自ら「創り出す」試みだと言うことができるからです。

先に人間の生きることの原型として、「自己の実現」と「他者との関与」という二律背反的側面の統合があることを強調しました。その脈絡で言うと、しつけでは、主として他者との関与の中へ自己の実現の過程をどう位置づけるかが課題であったのに対して、遊びでは自己の実現を中心として、その中に他者との関与の側面をも取り入れてゆくことが試みられます。つまり両者は、外から求められる課題と、内から求める試みとして対照されるとも言えそうです。

ここではじめに言いたいのは、この一見対照的に見える「遊び」と「しつけ」が、ともに並んで「子ども」あるいは「子どもの生き方」を代表するのにもっともふさわしい営みであるという点です。特に幼児期の子どもの生活のほとんどは、しつけに対処することと、遊びに熱中することに費やされます。

しつけと遊びが幼児期の特徴をもっともよく表現することばと考えられるのは、その後の成長した子どもやおとなの生活の中で、それらの語が出てくる時を見るとよくわかります。学校へ行きはじめると、「遊んでばかり」はもっとも困る行動となり、「遊び」は「学習」(ひいては教育)の敵とさえされます。遊ぶことは一種の罪障感とも結びつき、「遊んでもいい？」と尋ねて、許可が出てからようやく遊びはじめるという場面が見られます。また、遊びの必要を認めざるを得なくなった時も、率直に「もっと遊びを」と言う勇気をもたぬ学者や官僚が、「ゆとり教育」というような実質のないことばで教育をますます混乱させてきたことはよく知られる通りです。一方、小中学生についていまさら「しつけ」を要することはむしろ問題で、しつけは幼児期に家庭で完成されているべきものということが前提にされています。

しかし一方、仲間との生き生きとした遊びは、もっとも健康的な子どもの姿の象徴とされ、中高生になるとスポーツをはじめとするクラブ活動は何にもまして青春期の思い出となるし、また成人期の生活をより豊かにするのは、趣味、教養という形をとった遊びの効用でしょう。さらには、自分の日々の仕事や労働そのものが自分の趣味となり遊びとなるならば、それは理想の生活として羨望されたりします。

にもかかわらず、幼児期での「遊び」と「しつけ」、学校教育期の「遊び」と「勉強」、成人期の「遊び」と「仕事(労働)」、これらを通しての遊びの変貌、遊びにまつわる価値観が発達的にどう変換されてゆくかについては、基本的な吟味がなされないままに来ているのが現状です。

今日の教育界でのやかましい「ゆとり教育」対「学力低下」論争も、当然、この「遊び」と「勉強」の関係が人生の中にもつ基本的位置づけの検討から出直さない限り、不毛な責任転嫁論議のくり返しに過ぎないでしょう。子ども自身はその対象として、改革の名のもとにたえず扱われ方が変化することが続きます。

本章では、発達の基礎としての幼児期の遊びをとらえ直してみたいと思います。

「大きい子ども」

遊《あそ》びをせんとや生《う》まれけむ
戯《たはぶ》れせんとや生《む》まれけん

――「梁塵秘抄」(『新 日本古典文学大系』56、岩波書店)

子どもは遊ぶために生まれてきたのではないか。身近に子どもを見る者の感慨は、「梁塵秘《りょうじんひ》抄《しょう》」の編まれた十二世紀のおとなも、今の私たちも変らないようです。いや、かつての中世人の方が、私たち現代人以上に、子どもを見る目は的を射ていたのではないかとさえ思います。

そして、

遊ぶ子どもの声聞《こゑき》けば
我が身さへこそ揺《ゆる》がるれ

わが身までゆり動かされるのはなぜか。それはわれわれ自身の中にも遊びへの強い要求と感情があり、それが子どもの声によって強い共感へとかりたてられるからです。このことはまた、われわれおとなが自身の中に、かつて子どもであった自分を宿し続けていて、その内なる子どもがおとなの自分をゆるがすことをも示しているといえます。それは子どもの本質を遊びに見出し、遊び心ということにおいておとなを「大きな子ども」としてとらえていた中世民衆の智恵ともいえるでしょう。

遊びをめぐる多くのエッセイで、この今様《いまよう》歌が引かれるのは珍しいことではありませんが、ここで、あえて私もこれを引く理由の一つは、子どもは遊び自体を目的として生まれてくるとさえ思われると、遊びへの強い生得的な動機を見事に歌い出しているからです。

そして今一つの理由があります。現在の子ども論のほとんどが、フィリップ・アリエスの『〈子供〉の誕生』(杉山光信他訳、みすず書房、一九八〇年)を引き、それまでは「小さなおとな」としてしか見られなかった子どもが、今日のように「子どもとしての子ども」として発見された歴史は新しく、近代に入ってからだとしていることにかかわります。アリエスの主張や内容には私もずいぶん教えられましたが、一方でわが国の中世へと移る時期に、すでにこの歌のように遊びを子どもの本質ととらえ、しかもそれに共感する「大きな子ども」としておとなを発見していたという、そのことに私は強い興味を抱きます。生得的とさえ思える遊びへの動機づけと、子ども・おとなの間をつなぐものとしての「遊び」をこのように歌い上げていたことに注目しておきたいのです。

ここでの「遊び」をもし「自然」ということばに置き直せるとしたら、後にルソーによって告発された十八世紀の西洋のおとなたちよりは、十二世紀当時の日本のおとなたちは、まだはるかに毒されていなかったのかもしれません。遊ぶ子どもの声に、自分もゆさぶられたのですから。

少々想像に走ってしまいましたが、子どもの遊びとおとなの遊びの連関のしかたの個体発達的、また系統発生的な解明はきわめて重要なテーマであり、そのためには生物学や人類学、文化史学や社会学、心理学、教育学などの広い共同研究が今後欠かせません。

現実適応と遊び

幼児を中心にした遊びの問題にもどります。

「遊び」ということばで、どういうことを指すのか。もともと「遊び」は広く一般的・日常的な事象であり、それ以上にも以下にも説明不要、あるいは不可能な、自明のものと言えます。その点では先に取り上げた「しつけ」と同様、もともと難しくあげつらうものではないと考える人もいるかもしれません。ここでは「遊び」の厳密な定義や論議は避けて、「しつけ」の場合と同じくできるだけ常識的に、そしてかなり広義に「遊び」という語を使いながら、その中で何を子どもが身につけてゆくのかを中心に置いて考えてみたいと思います。

ただし、話を進める手がかりとして、多くの遊び論があげている一般的な性質の中から次の四点をあげておきます。

第一に、遊びは、生活に直接必要な、現実へ適応するための手段としての活動(適応行動)ではなく、遊び自体が目的となって営まれる活動であること。

第二に、適応行動が外の状況からの要請に縛られるのに対して、遊びは「自発性」が強く「解放度」が高いこと。

第三に、適応行動がある定式化された「型」を求められるのに対し、遊びは比較的「自由度」が高く「可変性」に富むこと。

第四として、右の諸性質から、遊びは「快適」で「楽しい」感情に彩られて進行すること。

これらの性質は、子どもだけでなくおとなの遊びにも原則的にあてはまると言えます。しかし一方で子どもが幼いほど生活そのものが遊びを中心に展開されますし、また適応行動と遊びの区別はつきにくく、むしろ一体化して進行しているのは明らかです。幼児期になると、遊びの姿はかなり明確になってきますし、子どももある程度適応行動(しつけられる行動)と遊びとの区別を自覚してきますが、その前の段階の乳児では両者の区別は本人はもちろん、それを研究しようとする私たちにとってもなかなか難しい仕事です。

「食べる」というもっとも基本的な適応行動をとってみても、自分の力で食べはじめようとする子どもにとって、手づかみであろうとスプーンによろうと、「食事」という事がらはむしろ遊びの一種として展開されます。小学生でも、給食時間は、そこでの作法を要求されはするものの、きゅうくつな授業と授業の間の友だちと楽しく自由に話し合える時間ですし、おとなにとっての「グルメ」や「食道楽」もまた基本的には同じです。

また、楽しかるべき遊びの中にもいろいろの問題が発生します。遊びの中へのしつけの介入もそうですし、「けんか」も玩具の取り合いも発生します。各自が自発的に、自由を求めての活動だけに、お互いの衝突や対立も多くなるし、現実の人間関係の処理が必要になってきます。

現実を超えて

遊びの発生と初期の発達を見てゆく時、「適応(行動)」と「遊び」のかかわりは興味ある問題ですが、論者によってその見方もいろいろです。遊び的要因が先で、そこで養われた行動が適応手段として利用されてゆくとする説、逆に適応手段として使われていた行動が、遊びの中に取り入れられてゆくとする説、あるいははじめは両者は未分化で一体化していたのが、発達とともにそれぞれに分化してゆくという説などがあります。

また伝統的な理論として、子どもは未来の社会生活への適応方法を遊びの中で練習しているとする「事前練習説」(一種の遊び先行説)は有名ですし、ほかにも子どもはもち余るエネルギーを遊びの中で発散しているのだという「エネルギー説」もありました。

ここで私自身の考え方を、次の二つの視点に基きながら述べてみます。

第一点は、右にあげたような諸説の中のどれか一つだけを妥当とするのではなく、「遊び」はいろいろの形で、いろいろの時期に成立し、また機能してくる点を重視したい、というものです。その意味でどの説も部分的にはよくあてはまると言えます。

たとえば、「歩行」ははじめあてどなく歩き廻るという遊びから出発し、やがてそれを目的地に行く手段として用いるようになりますし、逆に「寝る」という適応行動は、次の段階で

「フリ」として遊びの中で用いられるようになってゆきます。折衷的との批判はあるでしょうが、遊びは本来さまざまな発達期と関連しあって、きわめて豊富で自由に成立するものなのです。

どの遊びもさまざまな機能の発達の上に成立してゆきます。そしてその遊び自体の中で新たにさまざまな機能が培われ発達してゆきます。遊びがその子の発達の姿、その子の個性をもっとも生きた形でとらえる窓となり、また子どもの発達を日常の生活の中で育んでゆく具体的な手がかりとなるのはそのためです。遊びが子どもの自発的な動機づけによっているだけに、なおさらそう言うことができます。

第二の視点として、遊びのもついろいろの働きの中でも特に重視したいものがあります。それは子ども——とりわけ発達初期の子どもが、今現実に自分のもつ世界を超えて新しい世界を拓いてゆくにあたって、遊びが果たす役割です。

子どもは生活の中で現に今の自分が生きている世界によりよく、より深く適応してゆかねばなりません。しかし今の現実世界に適応することだけに自分を閉じこめるのではなく、一方ではそれを破って(超えて)より広く新しい未知の世界を創り出してゆくこと、それが子どもの発達には不可欠です。それは一種のリスクを含んだ挑戦的な試みですが、その未知の世界への好奇心はまず、いわば尖兵として、遊びの形をとって展開されてゆきます。

たとえば子どもが新規な事象を理解したり象徴的世界を創り上げたりする際、親や劇中人物に自分を同一化することによって自分の非力についての不安を補償してゆくなど、遊びは大きな役割を果たしています。ことに子どもが遊びを通じて自らの中に育んでゆく「想像力」は、人間が苦しい現実に直面した時、それを超えてゆく原動力になるものです。

この積極的な遊びの力が貧困な場合、子どもはただ現実への受動的適応に終始し、現実との対決の中に自己の可能態を求めてゆくための動機づけが不十分なままの幼少期を過ごすことになりかねません。

2　遊びの身体性

出発としての身体性

子どもは世界の中へ、まず「身体」として生み出されます。それは客体化され、対象化され、意識された解剖学的身体ではなく、生きてゆくべき世界に向けての「生」の可能態として投げ出された身体といえるでしょう。その身体を足場に人間にとっての「環境世界」が形成され、それとのかかわりの中で知覚と行動、欲求と情動、自己と他者、認識と意識、言語と文化性が生み出され、機能してゆきます。その意味では、子どもが世界をつかむための出発点は「身体」というよりも「身体性」とよぶ方が適切かもしれません。

「世界内存在」としての人間は、まずその身体性を生きることから出発します。人間のもつすべての機能や側面はその身体性に根ざし、成長発達後も、それぞれの行為のもっとも基盤となるところで通底して働き続けます。他の諸側面とくらべても、特に遊びは身体性と密着して展開されてゆきます。遊びの種類によって異同はあるにしても、何らかの形で身体性が関与してくることは数多くあります。幼い子どもの遊びであるほど身体性はその中心部分に参加してきます。

先の今様にあっても「遊ぶ子どもの声」、それを聞いて「ゆるがるる」おとなの身体と心、この歌の迫真性を媒介しているのは、遊びを強く貫いている身体性であることは、誰しも感ずるところでしょう。

遊びを通した身体性を実感する機会が、今の子どもには少なくなってきていることは確かです。社会の生活様式の変化とかかわるとはいえ、それが幼児期で実感さるべきある大事なものをうばっているということは、見逃せません。たとえば、大声をあげて走り廻ることは迷惑行為として制限されます(ここにもI章であげた自己の実現と他者との関与の背反という難しい問題がひそみますが)。また、真夏の日差しの中を汗をたらしながら遊んでいたり、昼間の息をするのも苦しい中でひたすら夕涼みを待ち、「極楽風」に生き返る経験、雪合戦で、かじかんでちぎれそうになった手に息を吹きかけながら、教室にかけこんでストーブにかざすうちに「自分の手」が戻ってくる感覚、夜、布団の中であたたまってくる足のシモヤケのかゆさ等々。冷暖房装置の普及は、こうした身体的経験の大半を子どもから奪ってゆきました。

それと表裏して、季節という自然(これも世界のあり方)の実感もうすれ、生活は無季節になり、無機的になってゆきます。流れだす汗、手に吹きかける息は、「自然」と格闘する自分の抵抗現象であるとともに、自分の身体そのものがまた「自然」の一部であることを知ってゆく機縁でもあります。自分の身体への気づき、自己への気づき、「外なる自然」とともに「内なる自然」への気づき。それらは遊びが幼児にもたらす大きな効果の一端と言えます。

また「身体」という時、それは個人に限定したものと受け取られやすいのですが、身体性は類としての個、つまり他者あっての自分を前提としています。したがって対人関係の形成は自他の身体の交わり(「間身体性」)から出発すると言えます。そこでの他者との情動的共生の中に主観的存在としての他者と自分(「間主観性」)(相互主体性)を感じとり、さらにそれが次の自己―他者の関係を理解する土台となってゆきます。授乳と受乳、「抱く」と「抱かれる」、目と微笑の交わし合い、声のかけ合い、感情の共有、模倣の交換など、その例は枚挙にいとまがありません。

いずれにしても幼児期での遊びにおける身体性や自然性の稀薄化が、後の児童期や青年期に何をもたらすのかという観点からの研究は、今のところほとんどなされていません。それは現代の生活形態や文化様式の表われであることは確かとしても、そう結論づけるだけで済まされるものか。さりとてそれに対処する提案をもたないままの指摘は無責任のそしりを免れませんが、ここでは指摘すること自体に、それなりの意味を見出しておきたいと思います。

感覚運動的遊び

身体を介した乳児の遊びは「感覚運動的遊び」と呼ばれます。有名な発達心理学者ジャン・ピアジェ(一八九六—一九八〇)は、遊びの発生について、独自の理論を展開しました。子どもは外界の事物を自分のもつ行動型(感覚運動シェマ)に同化し(取り入れ)てゆきますが、その時に適応のため必要な以上の過剰な同化を試みることを彼は「遊び」と定義しています。たとえば有名なものでは乳児が乳首に吸いつく吸啜《きゅうてつ》反射は、生きるために不可欠な適応のメカニズムですが、乳児は乳首に限らず、人の指先や柔らかく細いものに対してその反射を起します。また何も対象のないところで盛んに「空《から》吸い」を行うこともあります。これらは適応を超えて、その行動型を用いること自体によって引き起される「遊び」と見ることができます。

また首を振った時の視野の変化や自分の運動が自分に引き起す運動知覚に興味をもって、それを再現しようと盛んにくり返し、喜ぶのも同じです。ある程度以上のくり返しはむしろめまいや疲労をともないかねないのに、なおかつそれを企てるのです。適応という点からは、めまいや疲労は不適応であるのになおかつくり返すのは、遊びとしての喜びのためと言ってよいでしょう。そのうちに子どもは、首を振るにしてもいろいろと速度や角度を変え、その時その時の見えの違いに気づいたり、さらには、自分が動くことによって静止している対象に生ずる見えの変化と、自分は静止しているのに対象の動きによって生ずる見えの変化のちがいに気づきはじめたりします。

また、一般に乳児は新規な対象物に、自分のもつさまざまの感覚運動的動作をほどこしながら、その物のもつ性質を探りあててゆきます。たとえば、平手で「叩ク」ことを通して、「平面」を、「転ガス」ことを通して、「球」という性質を知ってゆきます。またベッドの柵を蹴るとおもちゃが揺れた、というようなたまたま自分の行動が引き起した事象に興味をもつと、盛んにくり返してベッドを蹴り、自分の行動(原因)とおもちゃの揺れ(結果)の関係を遊びの中で模索しながら知ってゆきます。

先に遊びが現在の世界を超えて、次の可能な世界を拓いてゆく「尖兵」的な役割を果たす点を重視したいと言いましたが、右の例はそれを物語っています。

遊びのくり返しと「機能の快」

一方で、ドイツの心理学者カール・ビューラー(一八七九―一九六三)による「機能の快」ということばが、自発的動機づけを表わす用語としてよく使われてきました。子どもが、自分にある機能ができ上がってくると、その機能を用いること自体に快感情をもち、自ら進んでそれをくり返してゆくことを呼んだものです。その行動をすること自体が目的であって、適応を目ざす手段としてでなく、自発的で快感情に強く動機づけられている点で、遊びの原型というべきものであり、ピアジェの遊び説とも共通するものでした。

そうした「機能の快」によってくり返される遊びの中で、その機能は熟成し、やがては現実の適応行動の手段として、またさらに高次の遊びの構成要素としての役割を果たしてゆくことになります。たとえば、歩きはじめの子は、歩くこと自体を楽しみ、盛んに歩き廻ることに熱中する中で歩くことがしっかりとできるようになります。そしてその後いよいよ目的地に到達するための手段として歩く、すなわち歩く行動を「行為」として行うことを始めるのです。さらにそれは速歩競争へと発展したりします。

また乳児がことばにならないさまざまな音声を出すことを「喃語《なんご》」と言いますが、これについては、自分が出すことのできる音声を自ら聞くことがもたらす快感情によって動機づけられた一種の遊びとして説明されています。確かに喃語の最盛期――たとえば朝目覚めて一人でくり返し声を出しているような――を見ると、そう思わざるを得ません。その中で多くの発声を身につけ、それが後の音声の素材となってゆきます。

これらは、遊びが乳児期（感覚運動期）の発達を先導してゆく例ですが、同時に乳首の「空吸い」に見られたような、適応行動としての動作を拡張して遊びに使い、新たな行動の文脈の中に位置づけることによって、新しい行動世界や認知世界が開かれてくる面もうかがえたことと思います。

こうした例からは、感覚運動的遊びは個人的に、つまり個人の内閉的な世界の中でその役割を果たすように受け取られるかもしれませんが、乳児の行動はまず対人世界での他者との交渉を前提として展開されることを忘れてはなりません。喃語も多くは養育者との音声によるコミュニケーションの場で行われますし、動作による「行為」も、他者との相互模倣によってより強化されてゆきます。

もちろん遊びが、一人の場面で自己に没入した形で進む場合もあります。それはそれで子どもの内発性を見る恰好の場面ともなります。そうした「自己遊び」も、単に内閉的に固定されるのではなく、そこで得たものを親や友だちといった対人場面で披露したり、逆に友だちとの遊びで得たものを一人遊びの中で自己脚色して使うことがありえます。この、遊びのもつ「自己性」と「対人性」の両側面は、乳児の感覚運動的遊びでも見られる通りです。

感覚運動的遊びに限らず、遊び一般を通して言えることですが、一人遊びと対人遊びが相互に乗り入れ可能となり、「友だちとでも」、また「一人ででも」遊びを充実してゆけるようにする配慮が保育者の役目となります。一人遊びのほうが得意な子、友だち遊びの方が得意な子というように、子どもによって特徴があるのは当然ですが、「一人でしか遊べない」(人と遊べない)、あるいは「人としか遊べない」(一人では遊べない)のいずれかに落ち込む子が少子化の中で増加してゆくのも気になるところです。

3　象徴遊び

自己と他者――現実と虚構

身体活動を中心にした感覚運動的遊びも、乳児期の間にきわめて複雑化し、高次化してゆきます。しかし何といっても遊びの上で画期的な変化をもたらすのは、乳児期の終りから幼児期のはじめ(二歳前後)にかけて見られはじめる「象徴遊び」の出現です。これはまさに遊びを新しい地平に押し上げるものです。

それはこの時期、象徴機能が開花し、言語が獲得されることとも表裏します。これらについての詳しいことは「表現」について述べる次章にゆずりますが、ここではさしあたって「見立て遊び」や「ごっこ遊び」をイメージしていただければと思います。積み木を電車に見立てたり、自分がお母さん役になったりするように、あるもの(人)でもってそれと異なるもの(人)を表わす。そのことによって現実世界とは異なった虚構の世界をそこに創り出す遊びです。

この遊びが可能になる過程の説明は、発達研究者なら誰しもが強い関心をもつ、もっとも魅力的な課題です。にもかかわらず、まだ十分わかっていない部分も少なくありません。

ここでは象徴遊びの成立の要件の中から、特に重要な二つ、「自己と他者の二重化」と「現実と虚構の二重化」について、簡単に説明しておきましょう。たとえば「お家ごっこ」で、女の子がお母さんを演じる場面。そこではその子は自分に、日頃から見ているお母さんを重ね合わせ、その姿や行動を取り入れて、それでもってお母さんを演じます。自分は本当はお母さんではないことはわかっているのですが、遊びの中ではお母さんになりますし、そこでは現実の家庭をモデルにしながら、虚構の家庭を創り上げねばなりません。場合によっては友だちや弟妹、時には人形に赤ちゃんなど家族としての役割を振り当ててゆく必要も出てきます。先に遊びの性質としてその自由度が高いことをあげましたが、まさに遊びの中だからこそ、現実では絶対におとなではない自分が、架空の自分を、架空の家庭を、架空の世界を実現することができるのです。

象徴遊びに限らず、言語をはじめとする象徴活動一般の成立にとって、この自他の二重化や虚実の二重化は欠かすことができません。その二重化の基礎となるものは、それに先立つ乳児期での感覚運動的遊びや動作によるコミュニケーションの中に、いろいろの形をとってよく出てきます。このことは大切なので、少しさかのぼって見ておきます。

模倣と「フリ」

模倣はずいぶん早くから見られますが、まさしく一つの同じ動作を通して、自分を相手に重ね合わすことです。生後八ヶ月頃からはかなり意図的となり、模倣を通していろいろの新しい行動型を獲得してゆきます。また相手を模倣するだけでなく、子どもは自分のしたこと(またはいつもよくしていること)をおとなの方がまねてやると非常に喜びます。さらには相手が自分を模倣するように要求することも珍しくありません。模倣を通して自分を他者に、他者を自分に重ね合わすことに強い興味を示すのです。まさしく模倣は社会的学習の基礎と言えます。

さらに、模倣はより複雑な遊びの中に取り入れられて展開するようになります。相手が自分にしてくることを逆に自分が相手にしようとして、スプーンをオ母サンの口につっこもうとしたり、ブラシをオ母サンの頭にあてに行ったりするのもそれです。「やりとり」のゲームやボールの転がし合いでは、転がし手と受け手の関係(能動—受動関係)を相手との間でくり返し交代しながら遊びます。説明するまでもなく、そこに「役割」とその交換という、後のごっこ遊びや集団活動の核心ともなるべき働きの萌芽がはっきりと見えてくることがわかります。

乳児期の終りともなると、虚実の二重性を予告するような行動が生れてきます。たとえば必要以上に「はしゃぐ」ような行動や、「うそ泣き」に近いような声だけを出して泣いてみるのもそのはしりかもしれません。ォ母サンが目をむいてわざと怒った表情をすると、子どもは喜びます。本当に怒っているのとうそで怒っているのを簡単に見ぬくからです。

子ども自身が「フリ」をしだすと、それはもう象徴的行動に限りなく近いところに子どもが来た証拠でしょう。最初は簡単な「寝る」フリや「食べる」フリ（一種の自己模倣でもあります）から始まりますが、そのうちにわざと「いたずら」するフリをして、相手をうかがうような場合も出て来ます。明らかに虚構と事実の二重性を楽しむ遊びになってくるわけです。

しかも「フリ」について重要なことは、多くの場合それが「わざと」「相手に」「してみせる」という形をとるということです。「意図的に」「演じている自分」、そこには「見せている自分」と「見ている他者」、そして「見られているものとしての自分」というずいぶん複雑な構造をもった状況への原初的な意識化が始まりかけているからです。

このように見てくると、自他の二重化と虚実の二重化は、象徴行動を支える要件としてあるだけでなく、子どもの精神発達、特に「自己形成」過程の基軸になってくると言えます。その基礎作りは幼児期のみならず、すでに乳児期から始まっていることも述べました。私たち発達心理学の研究者が象徴機能の形成に大きい関心をもつのは、それがその後の知的機能の発達や言語獲得の中心をなすからという理由だけでなく、より広く、人間の人格と個性全体の発達の構造が、よくうかがえるからです。自己形成については、改めてⅣ章で述べます。

遊びの展開

象徴活動の活発化は、普通の場合、ことばの獲得の時期と表裏し、その遊びの中にいろいろの形でことばが介入してきます。そして見立て遊びやごっこ遊びも、より複雑な構造、精緻な過程をもつものとなり、持続的に展開されるようになります。参加する友だちの数も増えて、皆で一つの「集団的象徴遊び」を作ることも可能です。「お家ごっこ」での料理を作ったり食べたりする過程も細部に渡り、おかずの数が増え、いろいろの小道具が取り入れられるようになります。家族の役からあふれたものが、お客さんになって登場することもあります。

「電車ごっこ」でもはじめは三輪車で各自が思い思いに走り廻るだけだったのが、駅が設定されたり乗客や改札係が出てきたりするようになります。運転手もあるときは新幹線の、あるときは別の電車のというように変ります。また、このように戸外で何かの役になって参加することもあれば、家の中で玩具のゲージを使ってミニアチュアの交通網を作ることもあるなど、同じ電車遊びでも多重化するようになります。

現実世界での経験の多様化や拡大、そこでの観察や知識の精緻化が、当然遊びの世界にも反映してくるわけですが、それは単純な引き写しではありません。むしろ現実経験で得た知識や技術を素材としながら、子どもは自分なりに新しい世界を創り上げます。そしてその世界の中で一つの「物語」(ナラティヴ)が展開されてゆきます。たとえばお家ごっこで来客が来ることになったり、電車ごっこで衝突事故が発生するなどというように。その仕組みは作家が行う創作活動と基本的には同じとさえ言えるでしょう。これらについては、Ⅲ章やⅣ章で取り上げる「表現」や「言語化」の問題とも関係してきます。

幼児期は「象徴的思考段階」とも呼ばれます。子どもは現実を象徴的にとらえたり(たとえば雲を「怒れる怪物」と見たり)、さらに象徴的世界を現実世界の中に探し求めたり(たとえば自分を劇の主人公と同一視したふるまいを現実生活の中でするような)、現実と象徴の間を往き来しながら生活も遊びとして楽しみ、また思考や想像を深めてゆきます。そこでは遊びのみならず、生活そのものが一種の表現活動でもあるのです。

身体性に結びつく遊び

しかし幼児は象徴遊びにだけふけっているのではありません。乳児期の話としてあげた身体性と強く結びついた遊びにさらに没頭してゆくことも多くなります。見ているおとなが肝を冷やすような高い所によじ登って飛び降りてみたり、かなりの坂をものすごいスピードをつけてスケートで駆け下りたり、ブランコの縄をぐるぐるねじってから乗り、縄のねじれが一挙にもとに戻るときのはげしい回転を楽しんだりします。また「事故だ」と言いながら電車ごっこの三輪車同士をぶつけ合っている時も、実際は身体的なスリルを味わっていることもあります。おとなとしてはどのあたりで止めに入るべきか困るところですが、子ども自身にとっては自分の全体をとらえる身体的感覚と、それと一体化した快感情を楽しむとともに、危険に挑戦して達成する時の喜びや自己の力への信頼感を身体を通して具体的に知ってゆく場面でもあります。

相撲を好みだすのもその頃からです。自分の身体と人の身体をぶつけ合い、押し付けあう中で、力の出し入れや身体各部の使い方も学んでゆきます。「倒れること」自体すらがオモシロイ行動と受け取られ、くり返されたりします。この時期は、女の子でもオ父サンにくり返し組みついてゆくことが珍しくありません。また横綱の土俵入りのまねをしたりします。それらは原初的な身体性から一歩踏み出し、自分の身体を客体として意識し、身体各部の関係や役割を一つの図式(「身体図式」)にまとめあげてゆく手がかりともなります。

幼児期の特色として、ぜひ触れておかねばならぬのは、こうした身体性に深く根ざす遊びが盛んになる一方で、それとはむしろ対照的な遊び、つまり絵本を見たり、お話を聞いたり、音楽を聴いたりすることを喜ぶ態度が強まってくることです。「鑑賞遊び」とか「受容遊び」と呼ばれます。こうした後の美的情操につながるものが出てくるのも幼児期です。また「しりとり」や「謎かけ」(なぞなぞ)のような「ことば遊び」にも興味を示す子が多くなります。このように身体活動からごっこ、絵やことばまで、大きい幅をもったさまざまな遊びがわずか二、三年の間に大きく花開いてくるのを見る時、私は幼児のすばらしさをつくづくと思います。(またそれだけに、幼児の遊びが局限化され、ステレオタイプ化したり、機器のディスプレイの中だけに閉じこめられたりしやすい今の状況が危惧されるのですが。)

そして絵本を見、お話を聞く時も、子どもは全身体的にそれに参入してゆきます。現実場面でと同じく、いやそれ以上に原始的な感情と動作感覚を総動員して、全身で反応する場合が珍しくありません。音楽を聴いているときの幼児は特にそうです。

さらに、鑑賞する以上に、自ら描き、歌い踊り、楽器を奏で、また語ります。これが表現遊びです(Ⅲ章参照)。こうして鑑賞や表現を通して得た知識や技術を象徴遊びの中に取り入れることで、より複雑な構造をもつ虚構世界を創り上げてゆくのです。

4　遊びの中のルール

ルールの前に人は平等

幼児期には遊びがさまざまな形をとって花開くと言いましたが、幼児は加えて「ゲーム的」なものにも惹かれます。学齢前になると、複雑なものは別としても、ずいぶん多くのゲームに熱中し、楽しむようになることは、子どもに接する人ならよくわかります。「坊主めくり」や「ババ抜き」「神経衰弱」「絵合わせ」などのカード遊びに始まり、「輪投げ」や「走りっこ」「陣取り」「鬼ごっこ」「帽子とり」「相撲」のような運動技能を使うゲームへというように展開してゆきます。最近は「コンピュータ・ゲーム」が加わります。「じゃんけん」もはじめは順位決定の手段としてではなく、勝ち負けそのものがゲームとして他人と競われるところから出発します。「かくれんぼう」や「宝探し」も、先にふれた「しりとり」や「なぞなぞ」などのことば遊びもゲームです。ルールの下に勝敗を競うものを一応ゲームと呼んでおきます。

個々のゲームの内容を分析しだすときりがありませんが、一つだけここで強調しておきたいことは、ゲームの中で子どもがいよいよ「ルール」というものの存在を知りはじめることです。もちろんルールの性質を本格的に理解しだすのは、小学校も中学年になるのを待たねばなりません。この時期になれば、自分たちで規約や基準を作り出し、集団の成員は皆がそれを守ることにおいて平等であり、公平であること、そして公平こそが「正義」であり道徳であるとして、仲間集団の中で友だちと相互規制し合いながら進むことができるようになります。

しかし、ルールへの出発は幼児期に始まります。「人は皆、ルールの前に平等であること」。これを幼児が、簡単なものにせよゲームの中でまず知ってゆくことは、きわめて大事だと思います。お父さんでも、お姉ちゃんでも、同じ約束事に従ってカードを出し、カードを取らねばなりません。いろいろ工夫したり、作戦を立てるにしても、ルールの外に出ることはできないのです。

この頃、時を同じくして、子どもは「ズルイ」ということばをおぼえ、人を攻撃するのに盛んに使い、また相手からも言われます。「ズルイ」のはゲームの中で最大の悪となります。また遊び場面はしつけの行われる現実生活とは一線を画してはいるものの、あまりズルッコばかりするとオ母サンや先生は本気でとがめてきます。ズルはうそつきの始まりといわんばかりです。子どもは「規則」とか、「ルール」という概念は、まだ十分もち合わせていません。「ゲームの仕方」という形か、せいぜいゲームでの「約束」という形でとらえているのでしょうが、誰もがそれに従い、「守らねばならぬ」ものの存在を知りはじめるということが、子どもの発達に大きい契機をもたらすことを見落してはならないと思います。

興味あることは、しつけにおける規範(ノルム)とゲームにおけるルールのもつ共通性と差異性です。子どもがそれをどう受けとめてゆくのかはまだよくわかっていないのですが、そのあたりの内実がもう少しとらえられれば、幼児の価値観や社会性の発達、さらには幼児そのものを、一歩踏み込んで理解できるようになるのではないか。その解明をこれからの若い研究者や保育者に期待しています。

「遊びの倫理」

「遊び」は実際子どもの現実生活の中で、その一環として日々行われています。当然といえば当然ですが、単純に遊びと現実生活を分離して扱うだけでは、子どもの生きる姿を見落とすことになります。

子どもは遊び世界に没入しながらも、ことあるごとに現実生活に引きもどされます。いちばん典型的なのは「けんか」です。玩具を取ったとか邪魔をしたとかの単純なものから、順番を破ったとかルールを守らなかったということや、意地悪をしたとか仲間に入れてくれなかった等々、けんかの理由もまた発達的に変化します。先にふれた「ズルッコ」が、それまで仲良く遊んでいた友だち同士を分裂させて、互いに遊びの中の役割から一挙に現実の人間同士にもどり、怒りや憎しみという生の感情をぶつけ合うこともあります。

しかし、おとなや小中学生に比べると、幼児は同じ場にいる限り、初対面でも比較的誰とでも友だちになり、一緒に遊びます。けんかをしても、先生がうまく仲を取りもってやると、仲直りも早いものです。幼児は単純だからとか、警戒心をもたないからだとか割り切るのは簡単ですが、なぜ幼児は誰とでも一緒に遊べるのかということは、考えてみる必要があります。

けんかが起ることはあっても、結構長く友だちとの遊びが続くことは、保育所や幼稚園での子どもの生活を少しでも観察すればわかります。それを可能にしているのは、子どもが友だちとの交わりで最小限の、いくつかのことを守ろうとしているからです。相手のいやがることはできるだけ避けねばならないこと、人とは仲良くせねばならないこと、暴力をふるったり、相手を泣かしてはならぬこと、特に相手が自分より小さい時はなおさらそうであること、遊具は自分一人のものではなく、ある程度使ったら人にゆずること、順番を待つこと、最低限の謝罪や謝礼のことばは言わねばならぬこと等々、ずいぶん多くのことを、時には破ることがあっても、また個人差は大きくとも、ほとんどの子どもは多くの場合、それを行為として実行しています。それはおとなが予想する子どもの力をはるかに超えています。

そのことを子どもたちはどこから身につけたのでしょうか。もちろん家庭の中での自分と親との関与においてしつけられたことを、友だち関係に拡大して適用している点もあるでしょう。保育園あるいは幼稚園で先生が遊びの場に即して具体的に指導していることの効果も大きいと思います。しかし極端にバイアスのかかった環境に置かれぬ限り、子どもは「人は皆仲良く」というのが生活の大前提であることを、自身の行動を通して理解してゆくことを見落してはなりません。それこそが友だちとの遊びを成立させている原動力なのです。

それを「遊びの倫理」と名づけたいと思います。友だちと遊ぶ限り守らねばならないもの――それはルールというより、子どものもつ倫理です。それと現実の社会生活維持のための規範であるしつけによって求められる倫理、この二つが幼児の日常を支える大きな拠りどころとなっていると言えます。両者が一体化され意識化されてゆくには小学校や中学校を待たねばならぬにしても、幼児期から両者が相互に生活の中で関連を強め合っていることはまちがいありません。

「けんかはしない」。たとえしても「けんかには仕方がある」。そしてけんかのあとは必ず「仲直り」する、ノー・サイドにもどる。そこではけんか以前よりさらに仲良くなる――それが「けんかのルール」であり、「けんかの倫理」というものでしょう。そうした倫理はことばの上だけではなかなか教えこめるものではありません。子ども自身が遊びの中でトラブルに直面し、実際の行動を通して体験してゆくしかありません。

誇りと自尊心が倫理を支える

Ⅰ章の「しつけ」でもふれましたが、「倫理」という時、それを支えるものは「誇り」であり「自尊心」です。「弱い者はいじめない」、「弱い者を守ってやる」、「友だちをわけへだてしない」。これらは子ども自身が自分に対してもつ誇りとしてこそはじめて可能になるものです。たとえば、「卑怯」という概念やことばを幼児はまだもち合わせません。しかし「卑怯は恥ずべきこと」であることを、感情的にもまた行動的にも知ってゆくことはできます。それは遊びやけんかの中でしかできぬこと、「しつけ」の中では難しいことでしょう。「卑怯なまねはしない」という誇りこそが、幼児の遊びや、さらには生きることそのものの倫理を支える核となります。

しつけからの脱却を可能にするのは子ども自身の誇りであり、自尊心であるとⅠ章で述べましたが、こうしてみると遊びによる成長発達も最終的には同じところに帰着してくるといえます。しつけと遊びの中で子どもが身につけ、築き上げてきたものが児童期や青年期でどう統合され、より広い地平でどういう人間を生み出すことになるのかが次の問題になるはずです。

今日、増加が憂慮されているいじめや衝撃的な殺傷事件にしても、その原因は多様であり、また大きな社会的状況を背景としていることは確かです。しかし、保育者をはじめ子どもにかかわるものとしては、幼児における「遊びの倫理」の見直しと再建の作業を始める時に来ていると考えるべきでしょう。小学生や中学生になってから、「人の心を大切に」とか、「相手の気持ちを考えよ」とか、「生命の尊さを知れ」式の「心の教育」をいくらとなえても解決しない問題だからです。

「幼児期の空洞化」の進行は、「遊びの倫理」の稀薄化の中にもっとも端的な姿をとって現われてくることに注目したいと思います。

5 行動の中の思考

遊びの中の論理的操作

「遊び」が子どもの発達に対してもつ意味を、主として「遊びの倫理」という視点を中心に述べてきました。遊びは子どもの人間的発達の基礎として不可欠なものを生み出してゆくこと、私たちが気づかないままに来ている多くのものがそこに含まれていることに注目してきました。

ここでは、これまではあまり具体例をあげずにきた、幼児期の「遊びと知的機能」の関連について考えてみます。

幼児期に先立つ乳児期にあって、対象や環境への感覚運動的働きかけが遊びとして活発化し、それが事物や事象への認識を生み出してゆくというピアジェの考えは前にも紹介しました。さらに人間の知的能力の中心をなす象徴機能の形成について、その要件としての自他の二重化と虚実の二重化が、遊びの中にまず現われはじめることも述べました。

幼児の遊びと知的機能の関係を考えるとき、いちばん大きいのは「想像力」の問題です。遊びが現実を超えてゆく力となることを強調してきましたが、その中心をなすのは遊びの中で育つ想像力に他なりません。表現の源としての想像力についてはⅢ章で述べます。

ここでは、子どもが後に学習してゆく「算数的論理操作」の基礎を、幼児が遊びの中で示す行動との関連において見ていきましょう。

①　系列化

数にかかわる操作として、まず欠かせないのが「系列性」の理解です。子どもはずいぶん早くから玩具やカードを並べることに熱中します。ミニカーを長く並べて眺めては悦に入ります。右から並べたり左から並べてみたりすることもあるし、そのうちに赤い車と黒い車を色別に二列に並べ、どちらが長い(多い)かをしらべたりします。また大きい車から、中くらいの車、小さい車と並べたりすることもあります。

ある時お母さんは、三歳の娘がいつもばらばらに部屋の隅に置いている四匹のぬいぐるみの犬が、知らぬ間に大きい順に置かれているのに気づきました。そのうちにお箸や茶碗、靴などが、お父さん用、お母さん用、わたし用、弟用と並べることに関心を示すようになってきたとのことです。これがばらばらに置かれた棒を長い順に並べたり、さらには直接並べなくともそれらを見るだけで「頭の中で」並べられるようになってくると、子どもはいよいよ「数」理解の一歩手前までたどり着いているといえます。

こう言うと、これからは子どもにできるだけいろいろの長さの棒並べの訓練をさせようという親が出てくるかもしれません。いちがいに無駄とは言いませんが、大小系列理解の基礎はもっと時期をさかのぼるだろうということも承知しておいた方がよいでしょう。

体を伸ばしたり縮めたりしながら「もっともっと大きく(小さく)なあれ」と遊ぶ時の身体感覚に私は興味をもちます。いろいろのものをもち上げたり引っぱったりする時、またボールを遠くや近くへ投げる時、またいろいろの幅を跳んでみる時のしかたとか、自分の出す声の大きさや高さの加減(調節)など、自己の身体性に深く根ざした系列性のコントロールが基礎にあって、やがてその上に対象となる「もの」の系列性が把握され、さらにそれが「数」の系列へと翻訳されてゆくという発達の過程が考えられています。

② 加法性

算数での加法計算は小学校一年生で学ぶ大きなことの一つですが、最近は一桁同士なら入学時にすでにできる子も多くなりました。そうした計算作業を一定の操作として形式的に行い、回答(解答ではない)を出すことは、学齢前でもある程度可能であると言えそうです。

しかし今、ここで私が問題としたいのは、加法式において〔＋〕の記号のもつ意味についてです。数学は抽象操作の集合系だと言われますが、〔＋〕は何を抽象したものなのでしょうか。高いところの物を取るのに台に「乗る」、自分と友だちの砂の山を「合わせ」て大きい山にする、積み木を高く「積む」、凧の糸を「つなぐ」、お小遣いを「貯める」等々……は子どもが遊びや生活の中でたえず行っていることです。それらは状況としては別々の行為です。しかしこれらの「乗る」「合わせる」「積む」「つなぐ」「貯める」……には共通する性質があります。それらを抽象したものを〔＋〕で表わします。それは「もの」同士がもつ共通の属性を抽象した概念とは異なり、操作同士のもつ共通性を抽象したものです。

こうした〔＋〕のもとにある数々の行動が、幼児期の遊びの中でどれだけ豊富に、いろいろ工夫して使いこなせるようになっているかという観点から、学力の基礎を洗ってみることがもっとなされてよいはずです。もちろんそうした経験を多くしさえすれば、後に学力がすぐれてくるというものではありません。また計算スキルだけなら〔＋〕の意味は知らなくとも進みます。しかしさらに進んで文章題で、自ら式を立てて問題を解く段階になってくると、その子の〔＋〕の意味の理解がどれだけしっかり根づいているのかが問われてきます。

③ 乗法性

乗法（除法も含めて）の操作は難しいと言われます。私自身小学二年生の時、九九表をおぼえさせられた時の苦しさと、「何のために」という当惑を想い起します。これをおぼえて何がわかるのかが一向にわからなかったからです。もちろん九九をその意味や理屈は後にしても、とにかくすらすらと出てくるようにすることは、当然に必要でしょう。

ただ乗法計算や九九暗記の厄介さということを離れて、乗法的操作のもつ意味をさかのぼると、それは「モノやデキゴトの二つ(またはそれ以上)の側面(または次元)を同時に考慮しながら、そこから一つの帰結を引き出してゆく操作」ということができます。それは素朴な「組み合わせ」や「クロス処理」の原理でもあります。

幼児がこの二つの側面を統合的にとらえてゆくことは、かなり、時によってはずいぶんと難しいことです。簡単な例で言うと、二本の棒の長さを片側の端の位置で(他方の端の位置関係は無視して)判断したり、二つの大きさと形を異にする長方形の面積を判断するのに、高さだけを手がかりに(幅を無視して)判断するような場合がそれです。また交通の激しい道を横切る際、右と左をよく見てから渡るよう訓練されながらも、なおかつ失敗しやすいのは、継続的にとらえた左右の情報を同時に処理することの難しさを物語ります。

しつけや遊びの中で、自分の要求や観点だけにとらわれるのではなく、相手との関係の中で行動するのは、幼い子ほど難しいことには何度もふれました。それについてもう少し例を引きましょう。

「帽子とり」のゲームは、年少組(三、四歳)の子にとっては簡単なようでなかなか難しいものです。人の帽子を「取る」ことに夢中な子は、自分の帽子には無関心で友だちを追いかけますし、自分の帽子が「取られる」ことを恐れる子は、防御一点張りで、「取る」方は放棄します。自分を守りながら相手を攻める、攻めながら守ることに、ゲームの本当の楽しさを味わえるのは、年長組(五、六歳)になってからではないかと思います。

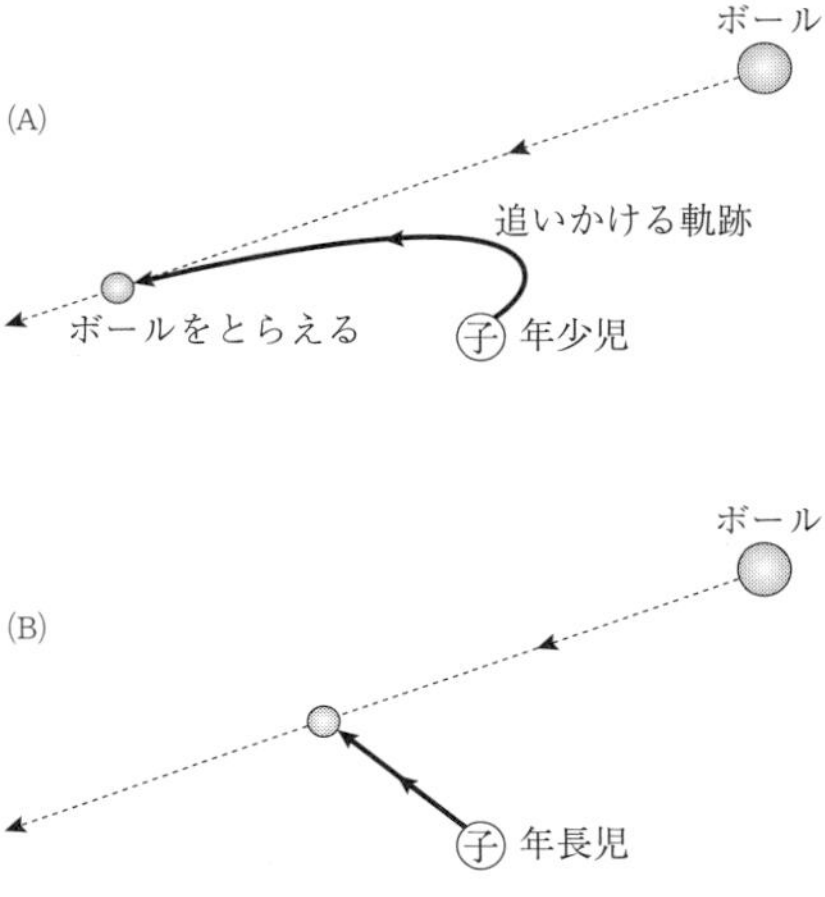

行動の中の思考

④ 関数的行動

遊びが複雑になり、精緻化されてくるほど、複数の視点や側面を視野に置いた行動、あるいはその中での思考が働きはじめます。それは乗法的操作がさらに進んだ一種の関数的思考ともいうべきものであり、行動的推論という形をとって現われます。

子どもの前を斜めによぎって転げてゆくボールがあり、それを追いかけて拾いにゆく時どのように走るか、その方向や走路を観察したことがあります。いろいろの子どもがいておもしろかったのですが、そこでの典型的な結果を示すと前頁の図のようになります。四歳頃までの年少児たちはボールを目がけて追いかけてゆくため弧をえがいて走り、最後はボールの後から追いつくことになったのに対し、五歳頃の年長児たちになると自分が走る間にボールの転がる距離を見越してスタートを切り、直線的に最短距離と最小時間でボールをとらえる子が圧倒的に多くなりました。

自分の走る時間とボールの動きの双方を考慮しているわけです。同じような例は、「ボール当て」ゲームでも見られました。年少児たちは走っている相手目がけてボールを投げますが、年長児たちでは走っている相手の少し前をねらってうまく当てるようになってきます。この動きを数学的に解くとしたらきわめて難しい問題です。ある速度である方向に向っている船に、こちらからある速度の船で最短距離で出会うのにはどの方向に進めばよいか。三角法のからきしだめな私をいちばん悩ました問題でした。宇宙船同士がランデヴーするための計算にもつながると思います。

興味深いのはこの難しい問題を、幼児は遊びの中で具体的に解決している点です。どうしてそれが可能なのか、もちろん多くの同種の遊びの経験を重ねることによって、まさしく身につけた解決方法なのでしょうが、それでもそのメカニズムは容易にわからないのです。

またもっと早期に見られる関数的経験の例として、いろいろの幅で引かれた線の中で、ちょうどねらった線の上にうまく跳べる、ということがあげられます。目でとらえる空間距離と、それに応じて踏み切る時の自分の足に加える力の量との関係を操作すること、すなわち二つの系列同士の乗法的操作は、ずいぶん微妙なものを含んでいるはずです。

遊びの中で子どもの発達にかかわるさまざまなことが起っていることは確かです。いや「遊ぶ子どもの中で起っている不思議」に、おとな、ことに保育にたずさわる者は、もっと目を向けなくてはなりません。

いずれにしても、子どもは抽象的知能によって行う思考に先立って、それを、あるいはそれの土台となるものを、行動の世界で実現していることは確かです。それはかつて言われた、将来のための「練習」とか「予備訓練」という消極的なものではなく、将来を切り拓き、少しでもそれを充実したものたらしめてゆくための尖兵としての役割を果たすものと考えるべきでしょう。

私はこれらの幼児が遊びで示す思考を、かつて「行動の中の思考」と呼びましたが、今もそのまま生かすことのできることばだと思います。

「相手を読む」

先にしつけの章の中で、最近の認知研究で盛んになってきている「心の理論」にふれました。

人が心をもち、その働きに従って行動していることを理解し、人の行動の推測が可能になることです。「しつけ」の場面で求められる、相手の意図や感情への気づきは、心の理論の形成の上で大きな役割を果たしているはずだとも述べました。同じことは「遊び」についても言えると思います。「かくれんぼう」や「宝探し」で鬼の作戦を想像し、それに対処する欺き合戦を展開し、「ババ抜き」で相手の手の出し方や表情をうかがったりする時、自分なりにもつ「心の理論」はきわめて強く活性化されているはずです。また「けんか」相手との衝突や、けんかの後で先生などを通じて相手の気持ちの説明を受けることなども、心と行動の関係への気づきに大きな力をもってきます。絵本やお話でも、主人公の行動だけでなく、その心情説明が物語に加わってくるにつれて、その理解が深まるようになります。

「相手を読む」「人の心を読む」こと、それは遊びの場を抜きにしては育たないといっても過言ではありません。

他方、先に「ルールの前には皆平等」と言いましたが、ルール違反ぎりぎりのところで(ズルさ寸前のところで)なんとか勝つ策略を考えたりすることもよくあります。また弟妹や年下の子どもと「遊んでやる」時、わざと負けてやったり相手には軽いルールを課したり、ハンディをつけることで遊びの中に入れたりと、相手の能力への配慮も「心の理論」の適用だと考えられるはずです。

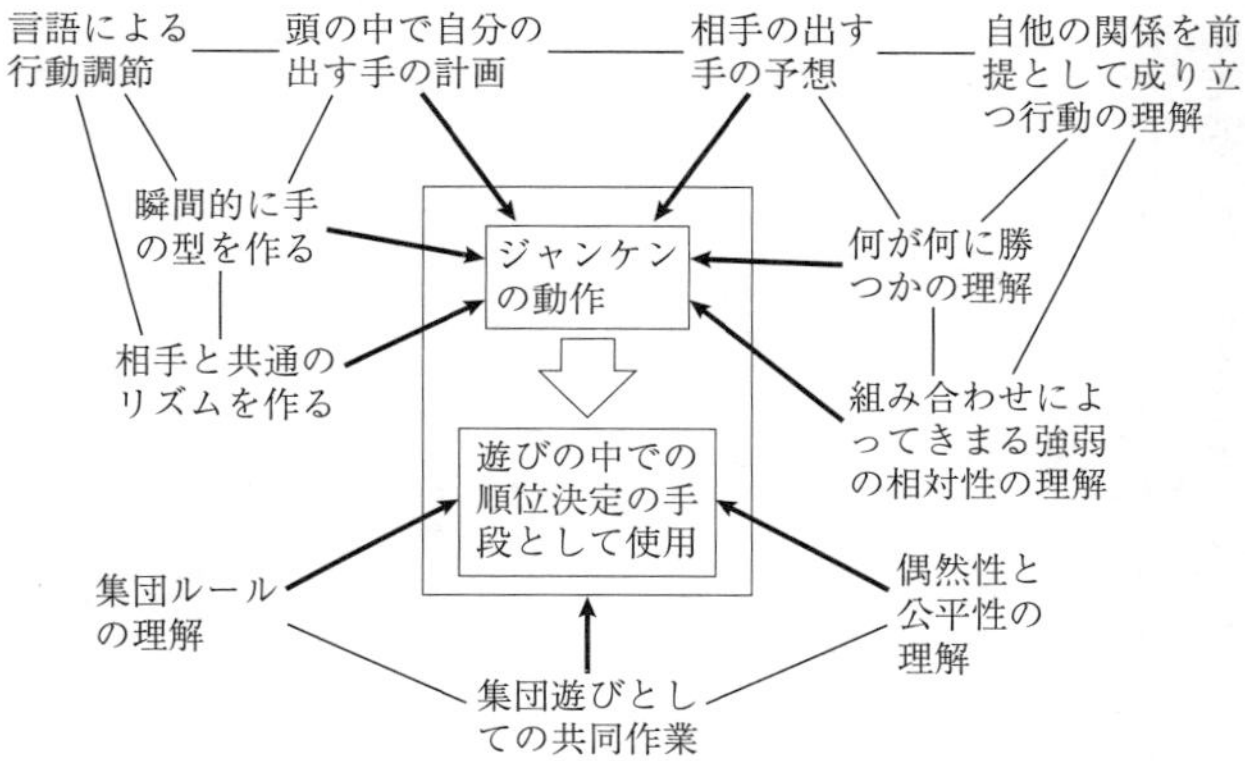

「ジャンケン」を支える機能

このようなしつけや遊びといった生活の中での生態として観察される事実と、実験やテスト場面を中心とした基礎研究の中で出てくる事実をどうつき合わせてゆくべきかが次の問題となります。「心の理論」をめぐる論議は、幼児の理解にとって今後さらに解明が待たれるテーマの一つです。

遊びの奥行き

個々の遊びの成立にはさまざまの機能の発達が前提となります。そして遊びの中でそれらの機能が熟成し、さらにそこから新たな機能が生み出されてきます。

ここで例として、子どもの遊びにはつきものの「ジャンケン」を取り上げてみます。その構成を図に示しました。

うまくジャンケンが使いこなせるためには、きわめて多くの機能が参加しています。瞬間的に手の型が器用に作れること、リズムを作れること、それも相手と合わせての共同動作として行えること、出す手の計画、相手の手との組み合わせで決まる勝ち負け関係(直線的な強弱関係でなく、三項循環関係)の理解などが必要ですし、一方それは、偶然性や公平性、組み合わせや確率理解への一歩ともなります。こうして見てゆくと、日常卑近の遊びであるジャンケンがもつ発達的奥行きの深さをうかがえると思います。ジャンケンはまた文化の産物でもあるわけですから、子どもがジャンケンをどのレベルで使い、どの形で理解しているかは、その子の発達を見る窓ともなるはずです。

6　遊びと文化

子どもの文化的現状

最後に、遊びのはらむ文化の問題にふれておきましょう。

一面では対照的に見えるしつけと遊びが、大きな点でいくつも共通性をもっていることにたびたび注目してきました。両者は文化との関連からも見直すことができます。しつけが文化の中で成立していることはふれました。文化のもつ価値観と生活慣行、それが「規範」として子どもにも要求されます。教育、中でもしつけがその文化を知る参照枠となるのもそのためです。

遊びもまた文化を抜きには語れません。どんな遊びが、その文化の成員としての子どもに一般化しているかもまた、その文化を知るのに重要です。子どもの周囲に置かれている玩具や遊具は、その配置のし方を含めて文化の産物です。しつけも遊びも文化の中で祖先から代々受けつがれてきたものであり、また、それぞれ文化の時代的変容とともに、変化していくものでもあります。文化人類学者や社会史学者、文化心理学者がいちばん取り上げるテーマが「しつけ」であり、「遊び」であることはうなずけます。

そこで、わが国での文化の変容と遊びの変化が問題となります。遊びと関連して、最近の文化変容の特徴を、常識的ですが次のような点に見ておきます。

① 変化がますます急激で、大きくなっていること。大学での話ですが、老年教師が「今の学生の気持ちがわからない」と若手教師にもらしていたのはそれほど昔ではありません。それを若手ももらすようになり、さらに訪ねてきた卒業生も口にし、今では四回生が「一回生が何を考えているのかわからない」と言っているのなども笑えぬその例でしょう。

② 情報化時代への拍車がかかり、コンピュータ万能の効率主義がいっそう強化され、生活の無機化が進むこと。コンピュータは子どもの遊びの中にも大きく侵入してきたこと。

③ 高齢化し長寿化した戦中、戦後派世代、停年期に近づいた団塊の世代、バブル経済の余

慶の中で育ち、今は仕事に追われる中年世代、そして未来に展望をもつことがますます難しくなっている青年や、いっそう少子化の進む子どもたち、というようなきわめて異質な世代の層が重なり合って社会を形成していること。それに伴い、遊びの種類もきわめて多様化し、多重化してきたこと。

④ 教育施策の貧困と方針の混乱、文化的展望の欠如が続いていること。

⑤ 子どもが子どもたちだけの力によって、自分たちの遊びや生活を楽しめる場所や時間が奪われてきていること。

こうしたことを背景にしながら、子どもの遊び環境は一見恵まれているとも見られます。玩具は豊富であり、美しい絵本は店頭にあふれて、遊びにもコンピュータのソフトやゲームは欠かせなくなりました。冷暖房は完備し、衣服も調ったし、音楽教室や英語塾、サッカー教室に至るまで、完備されています。

これらについて、ここでは次の点にふれておきます。

かつては「遊び」は「自然」なものとされていました。「子ども」「自然」「遊び」は一体化したものでした。遊びというものは、教育や文化と一応離れたところで成立するものと見られていたのです。しかしいまや遊びは、教育の中に、文化の中に取りこまれてしまっています。今日のコンピュータ・ゲームや携帯メールにはまりこんだ子どもたちは、自然と切り離されて

「無機的文化」の中に囲いこまれてしまったとの感が否めません。

遊びは文化の産物であるとともに、現実の文化を超えてゆく力を、また文化が人間をむしばんでゆくのに抵抗する力を宿していたはずのものです。

現在の子どもの遊びにそうした力が弱まっているとしたら、その子どもたちの将来だけでなく、社会そのものの将来を憂えねばなりません。それは私たち保育にかかわるおとなたちの責任でもあります。

単に昔の自分たちの時代をなつかしみ、昔の遊びの形だけの復元を目ざすのでなく、現在の文化のもつ性質と関連させながら、幼児の遊びをできるだけその根っこのところから検討しなくてはならない時にきています。

「子どもの文化」と「子ども向け文化」

小児が持つて生れ、又は携へて学校に入って来る或ものを、もう少し大切にしなければならぬ……

（『柳田國男全集』第七巻、筑摩書房）

昭和十七（一九四二）年十一月、日本が太平洋戦争を始めてちょうど一年たった頃、柳田國男は小学校の先生に向けて書いた『小さき者の声』という本の冒頭で訴えています。「小学校」が「国民学校」という名に変った当時、このことばの中に柳田がいろいろの深い意味をこめていたことがよくわかります。その中心は、子どもたちが「子どもから子どもへ」と伝え守ってきてくれた文化に、おとなたち、特に先生たちはもっと注意を向けてほしいという願いでありました。

子どもから子どもへ、おとなが介入するのでなく子どもたち自身の力で伝えてゆく文化——この柳田のことばは今も、いや今でこそより強く私たちに訴えかけます。

子どもたちが生活の中で、彼らの力によって創り上げてきた「生活世界」と、そこで育んできた心情と知恵に、私たちはどれだけの信頼と尊敬を寄せてきたでしょうか。遊びをそうした反省の中においてみることの必要を、柳田がこの本を書いた当時よりも、今はるかに切実に感じます。

「児童文化」と銘打ったテキストが多く生れています。開いてみるとその十中八九は子どもの好む絵本や物語、遊びの種類、テレビ番組やマンガの調査から児童会や公民館など地域の文化活動が論じられたものです。時には児童文学を題材にした精神分析的子ども論が加わったりもします。これらが子どもの今日の文化生活に大きな力をもっているのは確かです。

しかし、こうした場合の「児童文化」は、柳田が言おうとしていた「児童文化」とはかなり違うものです。今日「児童文化」と呼ばれているもののほとんどが、おとなが子どもに向けて与えている文化を指していることに注目しておく必要があります。

それに対して、柳田の言う児童文化は、子どもから子どもへ、おとなの手を経ることなしに受けつがれ、子どもの世界の中で子どもたち自身が守り、育ててきたものを指しています。だからこそ、まさに「小さきものの声」なのです。

現代の「児童文化」は正確にはおとなによる「子ども向けの文化」とでも呼ぶべきものであり、柳田の「子どもの文化」とはむしろ対照的な位置にあるものだと言えるでしょう。

もちろん文化の担い手はおとなであり、おとなが、子どもにそれへの参加を求めていろいろの環境設定をしてゆくのは当然です。教育の機能の一つとしてのその力は否定できません。しかし本来、「子ども向けの文化」とは、「子どもの文化」を前提とし、尊重した上で子どもに与えられてこそ、その子どもの人間性の形成に力をもってくるはずのものだと思います。

おとなは子どもにどう働きかけるのか

ここで「子ども向けの文化」と「子どもの文化」を対照させたのは、今日の社会においては、前者が限りなく肥大化して後者を圧倒し、蹂躙しつくしかねない状況があるからです。一つ一つ例をあげるまでもないことですが、玩具をはじめ教具、本、衣服、早期学習塾、旅行に至るまで、子ども向け産業、とりわけ子ども向け情報産業(ソフトもハードも)が限りなく侵入してくることは、子どもの文化と生活を揺るがしています。もともと遊びはおとなの管理と干渉を離れたところで成立し、子ども自身の特性がもっとも発揮される場であったのに、今日ではまずおとなによって作られた計画に従い、おとなが準備した「物」を使って遊んでいるのが普通になっていることでわかります。

もちろん、子ども向けのもののすべてが経済効果のみをねらって出ているとは思いませんし、子どもの心の成長を本心から願って作られたものも多くなっています。すぐれた絵本や物語、詩、音楽などの作品が生れ、子どもの能力を拓く工夫がこらされた器具も少なくありません。遊びの安全への考慮も進みました。しかし、それらが「教育」の名のもとに一方的に子どもに与えられる時、忘れてはならないことがあります。

たとえば、わらべうた「教育」を例にとってみます。それぞれの地方に伝わるわらべ歌を守り、子どもに伝えてゆこうとする運動があります。それはきわめて重要な教育であり、すぐれた文化活動だと思います。ただその時忘れてならないのは、わらべうたとは、もともと年上の子どもから年下の子どもへと、生活の中で、遊びの中で教えつがれてゆくものであったということです。この歌は教育的にみていい歌だから、おとなが採集して、学校の音楽の時間に教えていこうというのとは、本質的な違いを認識しておく必要があります。

もちろん、わらべ歌は放置しておけば現代社会の中で滅びてゆく運命にあり、それを守る今日の活動は、おとなの責任だと言えます。しかしそれは一種のやむを得ざる処置だということもまた、認識しておきたいのです。「わらべ歌教育で子どもの文化を守る」という正当な意図の蔭に潜みやすい錯覚は、戒めなくてはならないと考えます。

もっともそれではどう対処すればよいのかとなると、保存活動を進める中で、その歌詞や曲を守るというだけでなく、いかにそれを子どもの生活や遊びの中にもどして、わらべうた本来の子どもから子どもへの伝承に近い形で根づかせるかを模索する、という以上には私は対案をもたないのですが。それはずいぶん難しい仕事のはずです。しかしわらべうたに限らず、遊びが貧困化してゆく中にあって、先生が子どもの中に入って手がかりや誘いかけを与えながら、最終的には遊び全体を子どもの自主的世界にもどしてゆく、というすぐれた実践例は、多いはずです。

無制限に流れ込んでくる子ども向け文化の中から、何を選んで子どもに与えてゆくか、それは現在の親や保育者にとっても難しいことですが、その中で、柳田の「子どもの文化」を、「小さき者の声」を大切にしなければならぬということばはますます重みを増してゆくと思います。

子どもの遊びと子どもの文化の空洞化は、幼児期そのものの空洞化につながります。

子どもの遊びの本来はらむ性質と意味を確認すること、それらに照らして、今後の子ども向け文化が目ざすべき方向について、考え続けていかなくてはなりません。

Ⅲ章　なぜ「表現」か

1　生きる証しとしての表現

表現と人間性

幼児期が「幼児期」としてもつ意味が、おとな社会の変貌によって急激に侵蝕されていくのに抗して、「しつけ」と「遊び」のもつ本来的働きを再確認してきました。しつけの場は、子どもが自己の実現と他者との関与の統一という「生きる」ことのもっとも中心をなす課題に遭遇する場であること、遊びは、子どもがその「現実を超えてゆく」力を自ら培ってゆく場であることを述べました。一見対照的と見られやすい両者ですが、自己と他者のかかわりと、自発的主体性の問題はいずれにとっても中心課題であり、また両者とも文化の影響をまともに受け、それを反映したものであることにも触れました。

これから取り上げる「表現」には、Ⅱ章でみてきた「遊び」のはらむ問題がそのまま重なり合います。幼児にあっては遊びそのものが、生き方の表現の姿とも言えるからです。表現活動には身体性、欲求、感情、知性、言語、自己、生活観そしてそれらの発達等々、すべてが参加します。ここで「表現」ということばで表わすのは、言語、身ぶり、絵画、造型、歌、踊りなど、子どもの内なるものを外に表わす一切の行為を言っています。

そうした重複を省みず、あえて子どもの活動の中から「表現」を取り上げるのは次の二つの理由によります。とりもなおさずそれが、今なぜ「表現」かについての答えともなります。

一つは、「表現」がきわめて人間的な行為である点です。人間においてもっとも花開き、その生き方と文化を豊かに彩る活動であるからです。そして各子どもの個性は、その表現活動の中でこそ、もっとも成長します。

第二は、特に現在の文化との関連で表現のもつ意味です。今日の社会と文化の特徴を一語で代表させるとすると「情報」ということにつきます。そしてこの情報社会が一方的に進めば進むほど表現的行為の重要性をますます強調しなければならぬと思うからです。

情報社会と表現

二番目にあげた理由について先に考えてみましょう。

情報社会がすべての人や子どもを覆うとともに、そこでの生活や教育においてもっとも求められ重視される能力は「情報処理」能力である、とされるようになりました。企業としての最有望株は「情報産業」であり、今日の学問分野での花形は「認知科学」です。心理学の分野でも「認知心理学」者がもっとも心理学者らしい心理学者として一目置かれます。数年前に大学のカリキュラムに顔を出しはじめた「情報教育」は今日では小学校へも波及してきました。早期からのコンピュータ操作を売りものにする幼稚園の名も聞きます。

「情報」や「認知」の定義はしばらく措くとして、その認知の中心的役割が「情報処理」機能にあり、さらにその認知機能こそが人間そのものの中核をなす機能であるとする考え方、それが今日の科学や教育の常識とされています。かつては知能検査に代表されていた「知能」とか「知的能力」重視の考え方はいろいろの側面から批判されてきましたが、今、それらが「認知」というスマートな新しい装いをこらし、「知能」時代以上に強い力をもって、社会を、人間を、そしてその教育と研究を動かしているのが現状です。「知能(検査)」というと眉をひそめる人が、「人工知能」(AI)と聞くと目を輝かすという皮肉な現象すら生み出されています。

情報処理では、入力される情報は、なんらかの一般的コードに基いて整序されたものです。それにほどこす処理過程もまた一定のルール化された操作手続きによるもので、それに従うことで正確な結果(これもコード化されている)が得られるという信念を前提としています。その信念に基いて、コンピュータによる「演算」を人間の正しい認知のしくみのメタファーとして最有力視する傾向がますます強くなりました。それとともに「より多く、より速く、より正確に」処理するというのが教育のモットーとされるようになったのです。

現代の科学的革新の中心であるコンピュータによるシミュレーションが、人間理解にとっても、人間能力の増幅にとっても貢献していることはいなめません。ここ四半世紀、短時間に無数の情報を正確に処理し、広範な知識を生活の中で自分の身辺に準備することができるようにと、われわれの生活は飛躍的に変化しました。もちろんそれらを使用する遊びも開拓されて子どもを魅了しています。これからの子どもたちは好むと好まざるとにかかわらず、その中を生きてゆかねばなりません。問題はそうした将来を(いや現在をも)を担わされている子ども、とりわけ幼児にとって、今何が必要かということです。

このような生活効率を生み出す情報処理中心の認知過程への一方的傾斜が、人間としての生き方に危機をもたらして来ていることは無視できません。その危機は新しい形の物象化や疎外現象(人間が作り出した物や制度によって逆に人間が支配され、物的に扱われる現象)、個性や共同性の稀薄化、生活実感や自らの存在を意味づける力の喪失としてさまざまな面で現われはじめています。コンピュータやテレビ、携帯機器の画面の中でしか、自己の思考の拠りどころや、生きるための自分の原則を作り出せない若者は増加する一方です。

この認知——正しくは人間の認知機能の中のある部分——の偏重の陰にかくされて、ますます無視されてゆく「表現」機能の尊重を訴えたいと思います。認知機能にまして、本来われわれを人間たらしめているのは表現的行為であるはずです。認知的側面の強化が進む時ほど、表現的行為のより強靭な営みが要請されます。「表現」を視座に据えて、そこから現在の文化的状況を、そして現在の子どもの姿を見る時、何が見えてくるでしょうか。

生きることそのものが自己表現

順序が逆になりましたが、「今、なぜ「表現」か」の第一の理由「表現がきわめて人間的な行為である」にもどります。広くとれば、自分を生きること、自分のしごとを遂行すること、それ自体、自分を表現することと言えるからです。どのように小さい表現であれ、それは自己の世界を創り出すことです。また世界の中に、あるいはその時の状況全体の中に自分を位置づけ、存在者としての意味ある自分を創り上げてゆく営みでもあります。ことに幼児にあっては、その生活そのものが、つまりしつけに対処する行動や遊び方自体が、自分の表現と言えます。言い換えるなら、おとなにせよ子どもにせよ、「自己表現」としての生こそが、もっとも深いところで自己の存在の意味を確認することのできる場であるにちがいありません。また子どもの生き方や個性がもっとも反映するのは、彼らの認知活動の中よりも、表現活動の中でしょう。同時に表現活動の弱化は、生き方そのもの、個性そのものの弱化を表わします。その意味で、「表現活動」はその人の「生きる証し」につながっていると言っても過言ではありません。

認知と表現

「表現」の性質について、「認知」との対比でまず考えてみることにします。一般に人間が外なる世界や対象をとらえ、知識の体系を「自分の内に」創り上げてゆく時、そこに働くもろもろの機能を総称して「認知」(時には「認識」)と呼んでいます。先にあげた情報処理をもってその代表とする立場が、目下いちばんクローズアップされているわけです。

これに対して「表現」は文字通り、自己の「内なるもの」を何らかの働きを媒介として「外へ」表わすことと言えます。両者は大きく言って、「外なるものを内なるもの」たらしめる時の受けとり方と、「内なるものを外なるもの」たらしめる時の表わし方という逆方向の働きをもっていることになります。"impress"(内に入れこむ)と"express"(外へ押し出す)という語はまさにその違いを表わしています。もちろん両方の方向の活動を前提として私たちの生はなり立っていることは言うまでもありません。それは生命現象が"inspire"と"expire"(吸気と呼気)の双方の上に維持されているのと似ています。

それにもかかわらず心理学のテキストでは、「認知」の章はどのテキストでも中心を占め、現代の研究成果がくわしく紹介されているのに対して、「表現」の章を設けるものはまずなく、索引事項の中にすらほとんど見出せない状態です。認知機能を強調する研究者は、表現も認知の一部であり、認知的法則に従うとみなしています。もちろん表現活動は認知の介入なしには成立しませんが、それを認知への一方向的従属という形でとらえようとするところに、私は一つの危機感をもちます。科学も社会の動向に迎合しやすいからです。

表現は認知を一つの拠りどころとしますが、同時に認知自体を変容させます。それは新たな世界へと自己を生み出してゆく行為となりうるものです。少し難しい言い方をすれば、認知が外界や対象を、その中にある可能態としての記号関係において発見し、理解してゆく過程であるのに対して、表現は自己の内なる世界を表わすために何らかの媒体を記号として用い、自己独自の記号関係を創出する過程である、とまとめることができます。

もちろん「内なる世界」は認知を通して蓄積されたものであり、表現もまた記号を媒体とする限り認知機能の制約が働くことは確かです。しかし、表現とはその制約を超えてゆこうとする営みなのです。成長にともなう人格の変容は、自己についての認知の変容であるとされますが、それは受動的な変化ではありません。人が自己をなんらかの形で表現し、それによってもたらされる認知体制の変容が、自己や他者についての新たな意味づけを促します。その例は後で示します。自分の力による新しい記号関係、つまり新しい「意味」の創造にかかわるのが「表現」なのです。認知と表現の役割はこのように読みかえられるべきだと思います。

問題は、認知の中でも特に情報処理に代表される機能のみが重視される、現在の社会のありかたでしょう。ここで言う情報処理とは、既成のコードによってできている記号同士を、これも前もって決められているルールに基いて処理する過程を指しています。その技能のみが、幼い時から全面にわたって強制され、その中に子どもが埋没してしまうならば、「表現」の担う「新しい意味の創出」という営みが、とりわけ幼児にあって枯渇してゆくことを私は惧れます。今まで以上に表現活動の育成が幼児に求められるゆえんです。

2　表現の過程と表現されたもの

表現の過程

表現活動が子どもたちについてもつ意味を、いくつかの角度からあげてみます。ただし、よくある幼児教育の解説書やテキストに見られるような、絵画制作、音楽リズム、舞踊、言語等々の個々の「表現」分野での指導法や実例などについてはここでは述べません。むしろこれまで述べてきた「生きることと表現」の文脈において、話を今しばらく進めることにしましょう。

表現を、生きるために欠かせぬ重要な行為ととらえる時、まず第一に、その過程と産物(作品)について触れなければなりません。表現やその教育を取り上げるには、そこで「表現されたもの」を手がかりとして論じてゆくのが普通です。描かれた絵、造られた造型、踊られた踊り、詠まれた詩、唱われた曲など、生み出された作品には、表現主体である子どもの内面世界が投影されているからです。また表現の過程そのものに参加しているさまざまな要素――興味や技能や能力など――も含まれています。

そのため作品を通して子どもの発達水準をとらえようとする試みや、心的状態を解釈しようとする臨床心理学的手法はますます盛んになっています。そして何よりも、子どもの芸術能力の「評価」は作品によって決められます。その傾向は子どもが成長するほど強まってゆきます。この点については後であらためて触れます。

しかし、ここで強調しておきたいのですが、表現が主体に対してもつ意味は、結果的産物の中よりも、その過程の中においてこそ、まず論じられねばなりません。ことに子どもが小さければ小さいほどそう言えます。その行為としての体験、それを行っている時の感情や身体の感覚、努力や「達成感」、それらは表現を試みる中で出会う自分、表現の中に見出す行為主体としての新しい自分を感知することのはじまりでもあります。

もちろん子どもの場合、表現過程を常に意識することは限りません。たとえば幼児期でも、二歳頃の表現活動は、外界の状況への反応とさほど区別できないような、ごく短時間の、表現というよりは「表出」に近い身体反応、姿勢や表情の変化と未分化なものです。そして三、四歳頃になると、絵を描いたり、踊るのを喜んだり、時には自分なりに工夫を加えたりすることの楽しさを実感するような場合も多くなり、そのレベルはさまざまです。

過程のもつ意味

まだ長時間表現にうちこむことは稀としても、好きな活動にはかなり没頭し、表現活動の中で時間を忘れ、我を忘れることが出てくるのもこの時期です。それは「忘我」というよりも、最高度に自己の全体を発揮している行為主体としての姿であると言えるかもしれません。この過程の経験、それは人間のもつ全体性、身体性や情動感覚やイメージ、自他の関係、状況性、文化性が不可分なまま一体化してそこに参入してきている、原初的な体験に他なりません。作品になってから見ると、それらは視覚的とか、動作的とか、聴覚的とか言語的作品に分類されますが、それを生む過程では、これらの全体が参加しています。絵を描き、ことばをつづる中にも身体性をはじめ、各種のイメージが相互に交錯しあいます。

このように、過程そのものが結果とは一応独立したところで意味をもってくる経験には、表現の場合に限らず、その後の子どもの生活、いや一生にわたって、いろいろの形で遭遇することになります。練習を重ね一生懸命歌ったが入選できなかったとか、勝ったけれど勝ち方が不満だとか、失恋に終ったが人間として得たものは大きいというように。幼児では過程と結果は未分化ですが、過程の楽しみ(時には苦しみも伴う)の原型をまず実体験するのが、表現活動においてであることに注目しておきたく思います。

能力主義と能率主義がはびこるほど、人びとは結果からのみ行為を評価する傾向がますます強まり、その動機や経緯、状況や過程のもつ意味は無視されてゆきます。過程のもつ楽しみのあるいは苦しみや努力とが一体化した経験を、時間をかけてより確かなものにしておくという観点を、幼児期の表現活動を見直すにあたって強調したいと思います。

また今日の芸術でも、その本質は生み出された作品の中よりもその制作過程そのものの中においてこそ見られる、との主張が強まっているのも思い合わされます。

作品のはたらき

結果(所産)だけで評価するのではなく、表現における過程自体のもつ意味をまずとらえる必要性について述べてきました。もちろん、所産(作品)には大した意味がないと言うのではありません。それは、過程とかかわり合いながら大きな役割を果たすものです。むしろ「表現する」ことと「表現されたもの」が一体化しているところに幼児の表現行為の、また芸術家の創造行為の特徴があると言ってよいでしょう。自己の活動をある具体的なものとして「外在化」させること、それは表現者にとっても、さらにその周囲の人たちにとっても大きい意味をもちます。

もともと「表現する」ということは「作る」ことと同じです。生きることが表現であるというのも、人は自己の生を作り出すというのと同義です。人生は表現主体としての人間が創り出した一つの「作品群」(œuvre)としてあると言われるのもそのためでしょう。

一つの行為を成したという「達成感」は、その行為が外に生み出した具体物としての作品を示すことによって、より確かなものとなります。積み木で高い塔を建てたという喜び、家族を皆描いた(実際は大小の円の羅列にしても)という満足感、弟にお話をして寝かしつけてやったとの誇り、さらには「うまく」工夫し「上手に」作り上げたという自信。表現活動こそ、子どもが、達成感と自分の力を具体的に体験してゆく好機といえます。

そして自己の作品を手がかりに、そこに到る過程があることにも気づきはじめます。描きかけの自分の絵に対する修正や加筆が見られたりするのは、表現の意識化、手段と目的への自覚のはじまりを物語ります。

しかも作品化は、子ども本人にとってだけでなく、それを見る親や先生たちにも、子どもを理解するための大きな手がかりとして働きます。一つには、作品を通して(もちろんその過程も含めて)、子どもの内的世界、成長レベルや今もっている感情、興味、能力、技術などを具体的に、比較的生《なま》に近い形で共感的に了解できることがあります。保育研究会で、多くの発表に接しますが、そうした中で、いちばん楽しく、また心理学的にも惹かれるのは、ある子どもが園(保育所)生活の中で数年にわたって描いてきた絵がならべられて、その成長過程が語られる時です。私にとっては見知らぬ子ですが、いちばん身近にその子の息吹きを感じます。それは偉大な画家の生涯を回顧した展覧会で経験する迫力にも匹敵する感じ、と言っても大げさではありません。

作品としての外在化の働きについて、今一つ見落せないのは、表現活動が多くは親や先生、友だちの共在する場で行われるという点です。そこでは、表現は人に見せる(話す)という前提で行われます。また親や先生もその子どもの表現の中に参加し、ことばかけやはげまし、用具の設定やテーマ選択の手伝い、さらには途中での技術的提案などもしてゆくでしょう。それは共同制作に近いと言えます。そうした共同作業や自他の相互介入は、表現が具体的に外在化されることによって可能になります。特にその表現について互いに語り合い、評価しあえるのは、作品がテーマとして共有されてこそと言えます。さらには皆が思い思いに描いた絵が各部分となって、壁一ぱいの大きい一枚の絵ができ上がるような時、皆が「力を合わせる」ということがどういうことかを、いちばん具体的に子どもは知ることになります。表現が人と人をよりよく結びつける場になるのは、何といっても作品の存在によります。

先に表現は、認知した世界を外在化させるだけでなく、表現することによって認知のしかたが変容してゆく、と言いました。たとえば私たちがある山を描けば、以後その山の見え方は以前と変ってきますし、また描かなくとも、「描こう」として見るだけでも変ってきます。表現を通すことによって、世界や対象に対する新しい意味づけがほどこされるのです。それは有名な「自然が芸術を模倣する」ことに通ずる道ともいえます。セザンヌの連作「サン・ヴィクトワール」は人間の山の見方を変えたといわれますし、ゴッホは、糸杉を描くさなかで、「このように糸杉を見た者は今までに誰もいなかった」ことに自ら気づきます。

幼児がこのような自己変容を意識することは少ないかもしれないのですが、表現のたびごとに、おとな以上に自己の変容に迫られているにちがいありません。また自己に変容がある時はなんらかの形での表現要求が昂ってくるとも思えます。そこに先生からの示唆がとびこむ時、子どもの表現は一挙に現状を跳びこえることもあるはずです。

今もよく想い出す気恥しい私の記憶です。たしか小学校一年生時代で、幼児期はもう過ぎていましたが、三学期早々、正月の思い出を描く時間でした。私は兄と雑煮を向いあって食べていた光景を取り上げましたが、その時自分でも何かおかしいなと違和感をもちながらも次頁の図Aのような姿を描きました(兄も向いあって同じ姿です)。

しばらくして絵が返されてきました。画用紙の裏には変な絵のわりにはお情けか、三重丸を

A

B

先生はつけて下さっていましたが、その下に、赤インクで図Bのような線画が描かれていました。ことばでの説明は何も書いてないし、あらためて口頭で説明されることもありません。しかしこの記憶が七十年を超えて今もきわめて鮮明なのは、その瞬間、描く時に感じていた違和感が一挙に解消したからでした。しかもそれは、身体の形についての客観的知識を得たという問題だけでなく、それまでは漠然とした感覚をもとにしていた自分の「身体図式」を、外側から眺め直す視点に自分を立たすということでもありました。そしてこの経験とともに自分や人の身体諸部分の関係が気になるようになり、風呂の中で脚を曲げ伸ばししてみたり、新聞写真(テレビはなかった)を見ながら、友だちと横綱の土俵入りの恰好や、ベーブ・ルースの左打ちの構えを真似たりしたものでした。

一方では、絵の発達段階でいう「リアリズム期」に入りはじめたという経験でもあり、絵としては生き生きしたおもしろさを失くしていく時期でもあったのでしょうが、先生が描いて下さった一筆描きのもっていた力を、ことあるごとに思い出します。

右は身体図式にかかわる知的な側面での変容例ですが、積極的な表現活動が子どもの内的変容を促し、さらには個性を形成する原動力になってゆくことは、どんなに強調してもし過ぎということはありません。子どもについてだけでなく、臨床心理学でも、対人関係の中で自己の位置の再発見を模索する人にとって、夢や自伝的記憶の表現が自己変容を促す機縁になることが言われています。また、心理療法でクライエントが作り出す箱庭がその心的状態を物語る窓になるとともに、そうした表現を重ねることが、自己変容を促してゆく例は多く報告されている通りです。

感情の解放とともに、表現という営みを通して知ってゆく新たな感情、それは自分の世界を「表わし」「作り」「生きて」ゆくことをもっとも基本的なところで支える感情といえます。しごとにおける努力のもつ充実感と、目標を達成することの喜びの原型を、表現活動の中で子どもが身につけることが、機械化され無機質化されてゆく方向にのみ走りやすい社会の中で、ますます求められると思います。

3　表現の「場」

幼児にとっての夢

表現という行為は、どういう状況(または場)で営まれるのでしょうか。日常生活場面の中で、無意識のうちに身につけている表現形式にたよって行動したり、自己の要求や状態を述べたり、行動理由を釈明したりするような場合も「表現」と言えます。また、表現そのものの可能性を追求しようとする美的行為にいたるまで、さまざまなレベルが考えられます。意図や意識の濃淡、自己のかかわり方や意味の深浅などにも大きく異なるものがあります。

また夢という独特な形態をとる場合もあります。幼児がいつ頃から夢と現実の世界を区別するのかは興味ある問題です。私の接した男の子では、二歳半ば頃から夜中の睡眠中に急に泣き声をあげたり、寝言めいた声をあげることが見られました。夢を見たとしても、もちろんそれは現実と区別されるものではありません。その子が四歳になった時、次のような会話をしました。

――「夢」って知ってる?――「知ってる」

——夢見ることある？——「ある」

——どんな夢？——「しんどい夢」

その後夢の内容をたずねてゆくと、次々と答えましたが、これは質問に応じた場当たり的な作話的性質が強く、必ずしも実際に見た内容とは言えそうにないものでした(これはおとなの夢の報告でも五十歩百歩かもしれません)。しかし、この「しんどい(苦しい)」という答えは、夢を見たことの証明になりそうです。内容に対する受け答えからも、現実とは区別される物語として述べていることはうかがえました(たとえば「泳いでいて河童に会った」とか)。しかし、そのあとこんな会話になりました。

——夢はどんな時見るの？——「夜寝てから夜中に起きた時」

彼にとっては夢は昼間の現実世界とは別であるのだけれど、それを別の「覚めた」世界での経験と受けとっているようです。彼にとっては夢もまたまさしく一つのうつつなのであって、彼は全く架空の世界と、昼は昼、夜中は夜中の二つの現実、つまり三つの世界を共在させているとも思えます。あるいは夢は、架空と現実の両方を同時に成立させるものとすると、この子のことばは、精神分析派の学者に劣らず、彼なりに夢の本質を言い当てているとも言えるかもしれません。

右の四歳児にとっては、夜中のお父さんもお母さんもお姉ちゃんも皆寝てしまって物音一つしない真暗な状況、それがこの世にいるはずのない河童と、「現実において」会うための唯一にして不可欠な状況であったわけです。夢の性質についてはフロイトを祖として、無数といっていいほどの解釈があるので、ここではこの例だけに限ります。

即興性と制約

幼児のかかわる表現と状況について三つの点にふれておきます。

一つは、「即興性」の問題です。表現の中に状況性がもっとも反映されるのは、即興的表現の場合です。特定の時間的・空間的場において、その制約の中で自分をどう表現し、自分の世界をどう作るかが問題となります。幼児の表現はおとな以上に状況からの要請を強く受けます。状況の力によっては、表現以前の自然的表出の色彩が強く出ることもあります。感情や欲求の自然的表出は表現の基底に働き、それに生き生きした生命感を与える源でもありますが、表現ではさらにその上に立って行為や世界を創り出してゆく表現主体を必要とします。その場にふさわしい言動や作品を生み出してゆかねばなりません。

先生や親の質問にどう答えるかにしても、それは単なる受け身の反応でなく、その場全体の雰囲気とそれまでの文脈の判断をしながら、自分の言い方(談話)をそこで構成してゆかねばなりません。ケンカにおけることばの選び方にしても同じです。

即興的であるだけに、自分のもてる力をどう短時間のうちに集中できるかというところから、幼児の表現活動は出発することになります。

二つ目にあげたいことは、表現が活性化されるのは、なんらかの形で、制約や矛盾があるような状況においてであることです。その制限や矛盾を超えてゆこうとするところに表現活動が喚起される場合が少なくありません。Ⅱ章で述べた「ごっこ遊び」で言えば、現実の自分は無力で新幹線を動かすことはありえない、しかしそれは魅力あるしごとであり、それを遊びの中で役割として演ずること(自分を運転士として表現すること)で満たしてゆこうとする、などがそれです。同じく幼い自分が「お母さん」になれるのはごっこ表現においてです。

また後でもふれますが、幼児にたとえば、誕生日のケーキを前にして女の子が喜んでいる場面と、泣いている場面を与えて話を作らせると、後者の場合の方が圧倒的に豊富な想像を含んだ物語を生み出してゆきます。つまり常識的な場面より、それと矛盾する場面での方が、その矛盾を埋めるべく表現力や想像力が動員されるわけです。

もちろん制限や矛盾が極度に強い場合は表現欲求そのものが抑えこまれてしまいますが、この制限や矛盾が表現を活性化する側面は、保育においてもっと注目されてもいいと思います。表現面だけに限りません。子どもが自発的に好奇心をもって思考を展開するのも、ある種の矛盾や不思議、常識とのズレに対面した時であることがわかっています。

表現や想像は、その子が自分の置かれた状況を自分にとっての課題として受けとめ、それに立ち向ってゆこうとする時にいっそう活性化されます。幼児の表現、たとえばことばでの比喩や類推の用い方が、おとなの形式化したそれにくらべてはるかに創造的なのは、彼らが自分のもち合わすことばの限られたレパートリーをもって、自分の興味を感じた経験を何とか表現しようとするところから発しています。もともと比喩や類推は言語的制約を超えようとする企てなのですから。

幼児に限らずおとなでも、その想像力がもっとも力強く生み出されるのは平穏無難な生活においてでなく、苦しい中での未来への展望を自らが求めようとする時だと言われます。また日本文化は俳句をはじめとして、すぐれた短詩型文学をもちます。とりわけ俳句は、あえてわずか十七音というきびしい制約(加えて季語を入れる制約)を自らに課する中で、逆にことばのもつ力を無制限に動員しようとする自覚的営みと言えます。単純な自由や放恣ではなく、不自由をどう克服するかというところに自由意志を確認しようとする文学とも言えます。またある詩人が、自分が詩を書くのは、ことばで表わせない世界をことばを用いて表わしたいからだという旨を述べているのを読んだことがありますが、これもことばの制約への挑戦が新しいことばを生んでいくわけです。

今日のように玩具も器具も本もすべてが過剰なまでに準備され、要求のほとんどが直接満たされる中では、表現動機や想像性がいちじるしく枯渇してゆく可能性は否めません。それはすでに幼児期を経た小学生や中高生における今日の学力の低下の大きい一因とも目されます。

表現と状況についての三つ目の特徴は、保育とかかわります。幼児が状況に対して敏感であることは、それだけ保育者や親が、子どもの表現状況にどう参加するかが問題となるからです。保育論では古くから「設定(遊び)か、自由(遊び)か」が論議されてきました。今もまだ盛んなようです。その論議が一つの実践的意味をもちえた時代もあったことは見逃せませんが、今日二者択一的に論じてもおよそ意味をもたぬことは確かです。遊びや表現に限らず、保育者は子どもの状況にどこで関与し、どこで背景に退くか、状況性と子どもの自発性との関連を掘り下げてゆくケース研究こそが今必要でしょう。

4　イメージと表現

象徴機能と表現

心理学的な話になりますが、表現の中で働く機制について、見ておくことにします。

「遊び」の章の中で、見立て遊びやごっこ遊びなどの「象徴遊び」に触れた時、人間をもっとも人間たらしめているものとして「象徴機能」をあげました。あるものを、それとは別のもので表わす機能、特にその場にないあるものを、別のもので表わすことによって、それがあたかもそこにあるごとく再現できることです。それは(B)(たとえば石)を、石自体としてでなく、他の物(A)(たとえばタコ焼)を意味する象徴《シンボル》として扱えることであり、そこでは、(B)と(A)は新たな関係でもって結びつけられます。それは(B)に(A)としての意味を付与する――(B)を(A)として意味づける――働きに他なりません。その時の象徴の媒体(B)になるのは、右にあげた石のような物であったり、動作(身ぶり)や音声(ことば)や絵であったりもします。

そこで大切なことは、不在のもの(A)を、(B)で表わすには、(A)というものがどういうものなのかをその子が心(頭)の中で知っていなければならない、という点です。積み木を新幹線に見たてたり、自分がお母さんを演ずるには、新幹線とはどんなもの、お母さんとはどんな人であるかを知っていることが前提となります。象徴とはなんらかの形で自分が知っていること(内的イメージ)を表わすための記号、つまり意味の媒体であるわけです。

このように、実際の事物や行動について、自分の頭の中でそれを描けることを「表象作用」と言います。事物や行動について自分が頭の中で作り出せる「イメージ」や「概念」、それらに施すことのできる「心内操作」を含めて一般に「表象」と呼んでいます。そして、そのような表象の体系が心の内部に作り出されてゆく過程(知識形成)に重点を置く時、それを「認知」

（あるいは「認識」）機能と呼んでいることは、はじめにも述べました。

幼児の描く表象では「イメージ」が中心になりますので、以下には「表象」というなじみにくいことばよりも、「イメージ」で代表させておくことにします。幼児の認知や表現活動の理解にはイメージの解明が不可欠になります。

先に表現は「内なるものを外へ表わすこと」と言いました。一方、象徴を「内的イメージを記号化する働き」と言いました。こうしてみると、表現と象徴はほとんど等置できることになります。すでに「表現」でも「象徴化」でも「表わす」という語が何回も出て来ました。ともに表わす働きであることは変りありません。強いて言うなら、表現は内的イメージを何らかの象徴的記号を使って外在させる働きと言えます。

いずれにしても表現活動を支える中心は象徴機能であり、また表現活動は象徴機能がもっとも積極的に展開される過程とも言えます。表現の中にこそ人間の個性がもっとも反映するのもそのことによります。

イメージと想像性

「表現されるもの」としての幼児の「イメージ」の特徴について簡単に触れておきます。幼児のイメージは、おとなのイメージや概念に比べて、行動に根ざし、情動・感情に強く彩られています。幼児の絵が、おとな(や小学生中頃から)の絵に比べて写実的には不均衡なのに、はるかに生命感や力感、個性に溢れているのはそのためです。幼児が対象の中に表情や容貌を読みとる「相貌的知覚」(新幹線が長い顔と大きい目をもち、尖った山は怒っている)は知覚のもつ原初性を物語っています。子どもは乳児期からすでに動物と物との区別をしていることが最近は明らかにされていますが、幼児期ではそれに加えて無生物も心や意識をもっているとする「アニミズム」が見られることが知られています。こうしたアニミズム的認識は学校教育の段階で科学的概念や生命概念に置き換えられてゆくことになりますが、それは単純に消滅するのではありません。おとなでも、人間が現実的世界を超えてより深く真実を表現しようとする時、アニミズム的認識が象徴的比喩として生きていることでもそれはわかります。「風が怒り狂う」し、「母は今もわが胸の中に生きています」など。

　イメージは個人的経験から出発するものであり、きわめて主観的です。同じ事物についてもそれぞれに大きく異なります。イヌを見て、どの子も「犬」と言いますが、犬といっしょに育った子と、犬に噛《か》まれた経験をもつ子ではそのイメージは異なるでしょう。白い雲をソフトクリームのようだと見る子もあれば、怪物と見る子もいます。また三角形は山、楕円形は卵といったりしますが、幼児にとっては、純粋の抽象的な幾何図形というものはなく、形あるものは、なんらかの自分が関心をもつ具体的事物を表わすものとして受けとるようです。

こうしたイメージの具体性や主観性は、それに対して論理的に分析や総合したり、因果関係を推理したりすることを妨げることにもなります。カテゴリー化した階層となった知識体系を作り上げるのは、次の小学校時代を待たねばなりません。

しかし幼児が全く論理性や因果性を欠くとみると大きな過ちをおかします。Ⅱ章（遊び）では、子どもが行動の中で示すさまざまのかなり高次と言える思考活動にふれました。また、出来事と出来事、経験と経験を自分なりにストーリー化し、一つの物語（ナラティヴ）を作り上げてゆこうとする傾向を最近の研究は強調しています。

そこでの中心的働きをするのが「想像力」です。自分のいくつかの経験やイメージをもとに、それらをつなぎ合わせながら一つの世界を自分で作り上げる働きです。その際、形式化した概念にたよる場合よりも、イメージの結びつきにたよる方がより柔軟により自由に世界をつむぎ出す可能性を宿しています。その意味で幼児期は想像力のもっとも活躍する時期といえます。そこでは、親や先生が聞かせてくれる「お話」や絵本、テレビなどの影響も大きく働きます。「想像力」は、イメージや象徴を駆使してより広い表現を実現するための原動力となります。

今日の子どもの表現力の低下は想像力の貧困化によるとも言えます。自分の現実生活や行動は、豊かな想像力に照らしてみることによって、より奥行きのある意味が付与されてゆくものです。逆に受動的にだけ単純化された想像力が、子どもや中高生の非行や犯罪を生み出しているとも思えます。幼児期に子どもが獲得したイメージや想像性がその子の将来の創造的な力につながってゆかないのならば、その原因をつきとめる必要があります。

代表性と人間理解

イメージと表現にかかわる心理学的に重要な働きとして「代表作用」をあげておかねばなりません。「象ってどんなの?」とたずねると、多くの子どもは、片腕を伸ばしてブラブラさせながら、両脚と今一方の腕を使って三本脚で歩いてみせます。つまり「象」にとっていちばん大切なところは「長い鼻」なのであって、それは脚が四本あることよりも重要なわけです。つまり「象」というものを長い鼻で代表させていることになります。また子どもは「火事」という一連の事象を、「ウーカンカン」と消防車が走る音で代表させます。

赤ん坊がオ母サンの顔を知っているということ、これは当然のようですが、実は、ずいぶんと難しい知覚をやってのけているようです。現実のオ母サンはその時その時のいろいろの顔で現われますし、またその顔の細かいすべての部分を知っているのではありません。知っているのはオ母サンの顔の「特徴」です。ものの特徴というのは、そのものをもっともよく代表する部分の集りです。今一つ例をあげておきましょう。知的な遅れをもち、まだことばが使えない二人の小学一年生の女児が、よく私の部屋に遊びに来ました。来ると、私の広い額を叩いて喜びました。ある時私の不在中に来た二人が、部屋を覗きこみながら顔を見合わせ、それぞれに自分の額を指さして笑っていたというのを後で同僚に聞きました。説明は不要だと思います。「ハゲの小父サン、イナイナァ」という動作的対話をしていたようです。

盲児による母子像(福来四郎編著『盲児のつくった母子像』神戸すずらんライオンズクラブ,1978年刊より)

これらの例から言いたいのは、その子がものごとをとらえる場合(認知)、「それをどこでとらえているか」、そしてそれを表わす場合(表現)、「どこで表わしているか」ということです。つまり認知や表現において、その対象のもつさまざまの諸属性の中から、どれを取り上げてその対象を代表させているかを知ることが、その子どもを理解するのに欠かせないのです。子どもにあっては、おとな以上に、イメージが大きい働きをもつことは先に述べました。イメージは代表作用の所産であるとともに、表現の原型として働きます。

ここに、生れたときからの視覚の障害で、母親の姿を見たことのない小学生が粘土で作った母子像があります。自分を抱いてくれる時の力のこもった二本の太い腕こそが、お母さんのイメージを見事に代表しています。それは目の見える私たちが抱くイメージや、作る像よりもはるかに母と子が宿す真実に迫ります。その力が私たちを打つのです。

子どもの作品を、それぞれ何をその代表としているかという視点から見てゆく時、子どもの個性はもっともはっきりと浮かび上がってきます。そしてその代表のさせ方がどう変化してゆくかを追跡することは、その子の発達の中で何が連続した一貫性をもち、何が変容してゆくのかを具体的に理解する手がかりにもなってくれます。

人のとらえ方もそうです。人間はきわめて多様な側面をもちますが、そのどの側面でもって、その人全体を代表させるかの問題です。先の例に引いた二人の女児は、額が広く光っているところで私を代表させているわけで、それは私の友人たちが私を「ハゲ」という語で代表させているのと同じことです。いや形骸化したことばより、子どもはその身ぶりにより、人間的な親しみを表現しています。

年中組(四、五歳)の子に、友だちについて「……チャンってどんな子」とたずねると「ケンカが強い」とか「よく泣く」、「かわいい」、「おとなしい」など、その友のもつ何か一つの性質をあげて説明します。年少組(三、四歳)時代は「好き」とか「きらい」とかでわけていたのにくらべて、他者の理解が進んできた証拠です。さらに小学校入学近い頃になると、友だちの二つの特徴をあげる子が出てきます。しかも正負二つの側面を「……だけれど」という形で表わす場合も珍しくありません。「ケンカが強いけど我がまま」とか、「よく泣くけれど親切」というように。他者の理解だけでなく、自分の理解についても同じです。「君ってどんな人？」に答えるのは友だちについて答えるより難しいことです。「自分」は何をもって代表させられる人間なのかに本格的に迷いはじめるのは、青年期の自己同一性の確立をめぐる問題です。さらには老年期に達し「自分とは、自分の生涯とは何だったのか」を自伝的に総括しようとするにあたっては、代表性はより大きい働きをもってくるともいえます。自他の人間理解のしかたを、その幼児期における代表のさせ方にさかのぼってとらえる試みは、発達心理学への新しい視点を提供します。

イメージ間の相互促進

イメージ（表象）と表現のかかわりを育てるに当たって、今一つの手がかりになる見方をあげてみます。

絵本の場合です。いうまでもなく絵本は絵とことばからなります。それは一つのテーマをめぐって絵がもたらすイメージと、ことばがもたらすイメージが交叉しあう場です。このようにいくつかの種を異にするイメージや表象間に相互の関係づけが行われる時には、同一種のイメージの中だけで内容が展開される時よりも、イメージは豊富になり、意味も深められてゆくと言えます。もちろんそこでは表現された作品や、自分が表現する営みの介入が不可欠であることは言うまでもありません。

絵本でいうなら、小さい子ども向きのものは、絵が主体でしょう。絵がもたらすイメージが軸となり、それが先生や親が読んでくれる簡単なことばが与えるイメージでもって補い強化されてゆきます。馬の母子の絵がページいっぱいにあって「おうまのかあさんとあかちゃんです」式の補助説明がつくものです。しかし年長用になると文章も長くなり、お話(ことば)がつぎつぎと喚起するイメージの展開への関心が主軸となり、その具体的理解を助ける手段として絵が用いられてゆきます。つまり、絵が挿絵的になってゆきます。

絵をことばで補うところからことばを絵で補うところへ、つまり絵によるイメージとことばによるイメージの相互意味づけの方向が変化してくるとも言えます。しかしいずれにしても、絵だけ、ことばだけのイメージよりも、両者の相互作用によってより広く奥行のあるイメージの世界が形成されてゆくことは確かです。

このことは、表現指導の時間でもよく行われます。動物園で見てきたことについて話し合うとか、遠足での光景を絵で描いたり作文にするとか、聞いた物語を絵にしたり、音楽や絵についての感想を言わせたり、音楽に合わせて踊ったりがみられます。さまざまの表現を介して異種のイメージ間の相互媒介を促すことが、その子の内的表象の世界をより豊かで生き生きとしたものにしてゆく一つの手だてとなるのです。

イメージや表現以前の知覚的な段階でも、個々の感覚様相(つまり視覚や聴覚や触覚など)を超えた知覚が起る現象が報告されています。見るだけで、触らなくとも、ザラザラしたとか滑らかとかいう性質を予想できますし、光の断続で提示されようと、音の断続で提示されようと同一のリズムを子どもは容易に見つけます。色には暖色と寒色がありますし、音楽を聞いて色を感ずる(色聴現象)人は少なくないと言います。幼児では、このような異種の感覚同士や表象同士が一体化して喚起される傾向が強く、おとなになるに従って概念化が進むと、一般に弱まってゆくようです。もちろん概念化は発達にとって欠かせない重要なものです。人間的に豊かな発達とは、一方では概念化を進めながら、なおかつイメージの柔軟さと表現性をも発揮し続けてゆくような個性の形成にあると言えるでしょう。一人一人の子どもの将来につながる表現力の基礎を、幼児期にどう創り上げるか、それが今の保育者に課せられたしごとです。

5　独自性と共同性

対自己性と対他者性

最後に自己―他者関係の問題に触れることになります。それはこれまでの「しつけ」や「遊び」において取り上げたこととも通底している、いちばん基本的なテーマでもあります。この章でも作品や状況性、内的変容などを例をあげて論じた際、他者の存在が表現にとって重要な機縁になることを強調してきました。ここであらためて考えておきます。

表現には一見相剋する二つの側面が含まれます。対自己的なものと対他者的なものが対峙しているのです。

誰のために、何のために表現するのか。本来それは表現する行為主体である自分のためのものです。子どもの比較的原初的で感覚的な(その意味で即自的な)体験であろうと、専門家の意図的な吟味を重ねた思考や制作体験であろうと、表現しようとする動機は、きわめて内発的なものにちがいありません。時には一種のやむにやまれぬ内的な衝動に動かされ、忘我に近い境地にいたることも、幼児の象徴的遊びへの熱中から、芸術家の制作過程にいたるまで、珍しくありません。

しかしそこでは他者は不要であり、また無視されているのでしょうか。いやむしろ不可避な要素として、他者はさまざまな形をとって参加して来ます。制作の過程は、対自己的な営みであるとしても、その作品は何らかの形で他者への展示を前提としていますし、他者の共感や、自己の制作動機への理解を求めるのが普通です。すでに制作過程の段階で、予想される他者の目を前提として、工夫や洗練がほどこされることも少なくありません。場合によっては不特定多数の他者ではなく、唯一の特定の他者のみが、自分の目ざす意味を「わかってくれる」ことだけを願って、作品で訴えかけてゆくこともあります。また時には自分の作品を見る自分は、それを作った自分とは別の今一つの自分であり、もともと自分のために行う制作でも、その自分は自己内他者としての今一つの自分であるとも言えます。

幼児が自分の表現するところを進んで人に見せようとすることは、先にもふれました。制作や作品に限らず自分の行動そのものを見せること、いわゆる「して見せる」ことを好みます。そこでの他者は、おとなの場合のような不特定多数の他者ではなく、親しい愛情で結ばれた「意味ある他者」です。自分が考え出した行動や作りあげたもの(あるいは作るところ)をそのいちばん好きな人と共存する場で、その人に見せようとします。そして相手がそれに興味を示し、ほめてやると、その喜びは大きくなります。いちばん好きな人が示してくれる共感ほどその表現活動に自信と効力感を与えてくれるものはありません。まだ表現主体自身がとらえきれないでいる行動や作品の意味を、相手がとらえて投げ返してくれることは、次の表現の展開を促してくれます。「ここいい色ね」とか「ここのところ、ちょっと淋しいかな」との先生のひとことが絵を見ちがえるようにすることがあります。先の私の「座り方」の絵の場合も同じです。子どもの表現は、まさしくそうした相手との共同作業であるところにその特質があります。自分の表現に対して、もっとも身近なところで誠実に応えてくれる人。その存在こそが子どもの表現教育の中核となることを確認しておきたいと思います。

子どもと芸術家

対自己性と対他者性の問題は、「独自性」と「共同性」の問題ともなります。そしてそれは、芸術家と子どもの表現活動との関係を考える時の手がかりになるかもしれません。幼児期に子どもが示す思考や表現活動上の特色と、進んだ科学や芸術の示す特色が類似することがよく指摘されます。たとえば、まだ数えることができず、二つの集合の大小を数えて比較できない段階の幼児が、両集合の要素間の一対一対応操作によって、多少を比較しますが、それと同様に集合論では無限集合同士の大小比較が対応操作によってなされること。また幼児が時間と空間を不可分な形でとらえようとするのは、相対性理論と通ずるところがあると指摘されたりしました。だからといって幼児がそのままカントルやアインシュタインに匹敵するというのではありませんが、幼児の認識のしかたが、児童期以後の子どもやおとなの常識的な認識よりも科学者に近いのは興味ある問題です。

これに劣らず興味深いのは、たとえば幼児の描く絵と、すぐれた画家の絵の類似をどう考えるかですが、その説明は容易ではありません。子どもが描いた横顔に目が二つあったり、お腹の中にさっき食べたばかりのハンバーグが描かれたりすることがあります(透視画)。これは子どもは外から見えるように描くのでなく、対象として実在すると心で思うものを描くのだとも言われます。遠近性も無視されたり、心の中に同時に思いつくものが一つの画面に混在してきたりします。また私たち平凡なおとなより色や形も鮮烈な迫力をもつことが多いようです。確かにそれらは現代芸術のもつ特色に通ずる一面を示すことが珍しくありません。いずれにしても子どもの作品が、凡庸な芸術家の作品よりはるかに私たちの心に迫ることがあるのは、先にあげた盲児の母子像を見ても確かです。

それらを芸術とよぶか否かは、「素朴《ナイーフ》芸術」という名称も使われているようですが、先の科学の場合にくらべてはるかに複雑かもしれません。両者は連続すると考えるよりも、一応非連続的に考えておく方がよいとは思いますが、すぐれた天才画家が幼児期に描いていた絵が発掘され研究されたら、問題はもっとはっきりしてくるかもしれません。

幼児期の表現が芸術家のそれに通ずる点として、それが一般のおとなの絵よりもはるかに独自性に富み、表現することの喜びに支えられている、ということがあります。しかもそれを見る人、それが多数の人であれ、一人の人であれ、あるいは未来の人であれ、自分を「わかってくれる人」がいるにちがいないという信頼を基底にしている点です。それは表現行為のもつ深い共同性への信頼ともいえるでしょう。

表現者としての交流

自己の表現を人に語ったり、見せたりするとともに、人の表現するものを聞いたり見たりする表現者同士としての相互交流こそ、もっとも人間的な行為であり、また将来の美的世界への情操が育ってゆく基盤となるものです。

先にイメージ同士、表象同士の相互媒介が認知と表現を豊かにすることを述べた時には、個人内のイメージや表象間の例を中心に示しました。その上で自分と他者との間のそれらの交流こそ、さらに重要であると思います。それは表現と表現の交換、表現者同士としての独自性と独自性の交流であり、それを可能にしているものこそ人間の共同性に他なりません。

表現における独自性と共同性のもっともすぐれた結びつきとして、私はいつも蕪村と三好達治の場合を思います。三好達治の『測量船』中の絶唱、太郎を眠らせ、太郎の屋根に雪ふりつむ。
次郎を眠らせ、次郎の屋根に雪ふりつむ。

（『三好達治詩全集』一、筑摩書房）

は、蕪村の「夜色楼台雪万家図」に触発されたものといいます。蕪村は洛東山麓の雪夜に想を得たのでしょうが、実景そのものではなく彼の心象風景の表現です。それが表現であるからこそ、三好もそれに触発され得たのだと思います。もし三好が同じ実景を見たとしても、そこから直接この二行詩は生れなかったでしょう。絵として表現している時の蕪村の心情そのものへの強い共感がこの詩を生む原動力となったのであって、そこに表現行為が根づく原初性と共同性が感じとられます。

すぐれた芸術家同士だけでなく、子どもの表現力の基礎も幼い時から、絵にせよ、音楽にせよ、物語にせよ、すぐれたさまざまの表現に接することによって大きく育ってゆきます。

親が展覧会に行くのにお供させられるのが、はじめはいやだった幼児がシャガールの大画面に接して驚き、それからその子の絵の色が一変して鮮明になったという報告があります。それに類したものは珍しくありません。またある幼稚園では歌舞伎役者が来て、化粧で隈取りするところから始め、さまざまなせりふを聞かせ、所作を見せた後、園児ともに「やっとことっちゃ、うんとこな」と大きく声をあげながら前進するところを演じてみせました。子どもたちもそれを真似ながら、その心の昂りは頂点に達したと言います。表現のもつ本質的喜びを、おそらくはじめて自覚した子どもの姿がそこにあります。

「表現的環境」

社会の情報化は今後さらに進み、子どもたちはそれに対処してゆかねばなりません。情報処理能力の発達と機器使用の技能を身につけてゆくことは不可欠となります。幼児期へもそうした要請がすでにさまざまな形で入りこんできていますし、それを全く拒否することはできません。その中のあるものには、新しいこれからの子どもの可能性を拓いてゆく重要な試みが含まれていることも確かです。

問題は、情報社会を生きてゆくにあたって幼児期において何を作っておくことが必要かの論議がほとんどなされていないことです。「情報教育」と銘打つ大学の授業も、コンピュータの仕組みとプログラムの使い方を教えるだけで、そこでいう「情報」というものの性質や、情報化が人間や社会に及ぼす影響をも含めた、全体性への展望に立って教えてゆく意図は全く欠けているのが現状です。そうしたことを全体的にとらえるための「情報教育学」の体系化が特に望まれます。

テレビやコンピュータ・ゲームなどがもたらすヴァーチュアル・リアリティへの反応にのみ

追われることの問題、そこで形成された認知のあり方がその後の発達を支配してゆくことの危険は、すでに多くの社会的現象として現われてきていると言ってよいのではないかと思います。

子どもが機器のディスプレイの中での情報処理操作に埋没するだけに終らないためには、幼児期において、しつけでにせよ遊びでにせよ、現実の生活と対人経験に密着した生《なま》の感覚をしっかり身につけることがまず必要です。その一方では、自分の内的世界を、自分独自のしかたで表現し、周囲の親しい人たちに見せてゆくことが自分にもたらす喜びを、幼児期にしっかり体験しておくことを強調しておかねばなりません。それは他の行為で味わう喜びとは異なって、表現主体となることのみによって味わえるすばらしさといえるでしょう。もちろん他者によるすぐれた表現に接することも欠かせません。

話が飛躍するようですが、このことは研究者にとっても無縁ではありません。日本の学者は外国の研究の紹介や受売りは巧みだが、自分の発想に基く独自な仕事は貧困だと批判されてきました。情報化の進展が、この傾向をますます強化することにならねば幸いです。

表現者同士が互いの独自性の交換を楽しみ、共有しあえるような環境を「表現的環境」と仮に呼びます。その表現的環境の観点から、親の側も保育者の側も、自分たちの保育所や幼稚園の今のあり方を検討してみることが求められます。

Ⅳ章　なぜ「ことば」か

1　行動とことば

生活のことば化

すでにこれまで「しつけ」についても、「遊び」についても、「表現」についてもその都度、そこでのことばの働きにふれてきました。ことに、ことばは表現手段の中でもいちばん重要な位置を占めますから、Ⅲ章の「表現」についてあげた諸特徴はそのままことばの諸特徴でもあります。ことばは人間の、社会の、文化のいたるところで大きな役割を演じていますが、特に幼児期は獲得したことばがその子のもつすべての部分に滲透し、大きな新しい力となって、子どもを動かし、人格の形成に参加しはじめる時期と言えます。そういう角度から幼児のことばについて、述べてみたいと思います。

ことばの発達過程について、私は以前の著書で四つの時期にわけて考えました。ことばの「胎生期」「誕生期」「生活化期」「自律期」です。乳児期の子どもはまだ話しませんが、ことばの獲得にとって不可欠な必要条件となる対人交渉機能や象徴機能の基礎ができ上がってくる時期であり、「ことばの胎生期」とよべます。乳児期の終りから幼児期のはじめ（一歳半ば頃から二歳過ぎ)にかけては、先の必要条件の上にたって、自らの力と周囲の人たちの共同作業によって、ことばを生み出してゆきます。まさしく、「ことばの誕生期」にあたります。幼児期が進むとともに子どもは身につけたことばを積極的に使いはじめ(二歳半ば頃から)、ことばは生活の生きた手段となってゆきます。「ことばの生活化期」と呼んでおきます。小学校の中頃からは、子どもはことばをそれが結びついていた具体的状況から離れて、不特定多数の人に向けての表現手段として使うことが可能になってきます。ことばの意味をことばでもって説明できるようになり、ことば自体が自律した体系として働きはじめます。書きことばの使用もこれに重なってきます。「ことばのことば化」、「ことばの自律期」と呼ぶことができます。

このような発達的文脈の中に位置づけて、ことばの生活化期のもつ意味を考えてゆくことにしましょう。ことばが生活の中での中心的な手段となり、またそれによって生活経験がことばによって再構成されるとともに、ことばの意味が生活の中により深く根を下ろしてゆく過程、それは「ことばの生活化」であるとともに「生活のことば化」であるとも言えます。

そこでどういう内面の変化や発達が起っているのか、そして幼児期の言語生活が表層的な形式面だけに終ってしまう時、その後にどういう発達的欠落をもたらしかねないのかについて、指摘してゆくことにします。すなわち「なぜことばか」です。

行動をことばへ

子どもの精神は、まず行動の発達を基盤として出発します。最近の研究には、言語をはじめとして、いくつかの個々に独立した領域が、生得的なモジュールとしてその出発の時にすでに内蔵されていると主張するものもあります。それらの原初的な知的機制や対人機制は、現実には欲求や情動も含めた行動の中で働きます。言語の使用もやはり行動の中で熟成しますし、認識や思考がはじめは行動の中に現われてくることは、Ⅱ章の「遊び」ですでに触れました。乳幼児期はその意味で、行動を中心とした発達基盤がまずでき上がってゆく段階ということができます。子どもは行動的に世界を、人間を、そして自分というものをとらえてゆきます。

この行動による発達基盤は、その後の児童期にも、さらには青年・成人期にも、生涯を通して働き続けます。もちろんその上に重層的に築かれる高次の諸機能に影響され変化してゆくことは当然ですが、なおかつ人間をもっとも深いところで支えてゆくことになります。私たちおとなでも、よく理解できないことは実際にまず試しに「やってみ」ますし、また人を判断する時は、その人の言うことよりも行動のしかたを拠りどころにしています。

そこで幼児期を「行動とことば」の関係から見てみることから始めます。子どもは乳児期の終り頃から話しはじめ、個人差は大きいですが、幼児期の初期(二歳半ば頃)までには驚くほど語数が増し、文を話しはじめるのが普通です。行動と、その中から生み出されたことばが重なり合って、生活が新しく広い地平において大きく展開されるようになる。それが幼児期の大きな特徴の一つです。

そこでの発達は、子どもが行動の世界とことばの世界の間を行きつもどりつすることによって促されてゆきます。自分の行動が、行動として終るのでなく、それが言語化され、ことばで表現されます。また一方、ことばで言われた(人からのことばであれ、自分のことばであれ)内容を、自分の行動として遂行する面も進んで来ます。つまり、行動をことばへ移す側面と、ことばを行動へ移す二つの側面が相互に作用し合って発達します。

はじめに「行動をことばへ」の面ですが、これもいろいろのレベルで行われます。犬を見て「イヌ」とよび、花を見て「ハナ」とよぶ簡単な場合から始まります。それは目の前の一つの特定の対象を、「イヌ」「ハナ」というカテゴリーの名で指すことで、その対象をそのカテゴリーのメンバーとしてとらえるはじまりです。しかもその名は社会的約束によって決められているものです。

また「オイシイ」とか、「オナカがイタイ」とか、「アツイ」とか自分の感覚を言語化したり、「スキダ」とか、「キレイダ」とか「ウレシイ」というもともと範囲の漠然とした感情を特定化したりします。さらには自分が行った行動や経験をことばで報告します。「キノウ、ドウブツエン、(イッタ)」とか、「キョウ、センセイニ、シカラレタ」とかです。こうした言語化は、親や先生との対話の中で、かなり詳細にわたって進行します。また「ワカッタ」とか「知ッテル」、「オボエル」、「考エル」、「思イダシタ」など、自分の認識の働きを表わすことばも使い出すことに注目しなければなりません。

いずれにしても、対象や自分の状態、経験が言語化されることによって、事物や事象は特定の現実の行動のレベルを離れて、ことばによって支配される世界へと置き換えられます。ことばのもつ秩序にしたがってとらえ直されるのです。そして言語の形で記憶に保持され、必要に応じて呼び出す(検索する)ことが可能になります。それは、経験や自分の心の状態を外側から眺め直すことができる機縁ともなってゆきます。

さらに、人との相互交渉が増えてくると、自分の欲求や、行動の動機や理由を説明しなければならぬ場面が多くなってきます。少しでも相手に納得してもらうためにはどう言うのがいいのか考えなければなりません。メタ言語能力のはじまりと言われるものです。しつけの章でも言いましたが「なぜこういうことをしたのか」という親や先生の問いにどう答えるかは、ずいぶん難しい問題です。それが、自分の行動を行為として自覚してゆく転機であることにも触れました。他人と行動を通してだけでなく、ことばによる「折衝」をする方法の基本を幼児は身につけてゆきます。それは民主主義的折衝のあり方を身につけてゆく出発点と言ってよいものです。

自分の行動や状態のことば化と表裏して、他人の行動や状態のことば的理解も発達してゆきます。自分と他人で同じ点や異なる点も意識化されてできます。

ことばを行動へ

ことばの使用が始まると、今度は行動世界の経験をことばに置き換えるだけでなく、ことばで述べられたことを行動として遂行し、実現してゆくという、つまり先に述べた「行動からことばへ」の逆方向の「ことばから行動へ」という行為が可能になってきます。そこに働くのはかなり進んだ機能です。そのことばが、自分から出たものである場合もあるし、また他人から言われたことばである場合も出てきます。比較的簡単なものから、ずいぶん高次な形のものまで含めて、ことばは行動を生み出し、またそれを規制して働きます。

自分のことばを行動に移す例としては、まずことばで宣言し、それを実行する場合があります。「三輪車ニ乗ッテクル」と言ってから乗りに行ったり、「遊ンデアゲヨウ」と弟に玩具をもってくるなどは簡単な例ですが、それでもそのためにはまず自分の頭の中で目的やプランをたて、それを言語化してから、行動化する過程が成立しなくてはなりません。さらに進んで、自分のことばによって自分の行動をコントロールしたり、自分の行動を目的実現のための手段として意味づけ、意識化する過程が出てきますが、これについては、後でくわしく述べます。

幼児期では自分のことばだけでなく、他人のことばにも行動的に応ずる必要はさらに多いものです。広く「言語理解」と呼ばれているものの初期はほとんどこの形をとります。「ワンワンは？」と問われて、イヌのぬいぐるみを取るのも、「先生、呼んできて」とか、「もっとゆっくり」というような命令や要請に応ずることができるのも、他人のことばに対する行動による回答と考えられます。

より進んで「お使い」でオ母サンや先生の代役をしたり、「伝令」役をする例にはきわめて興味深い場合があります。担任の先生から春夫君はお使いをたのまれました。「職員室(先生の部屋)へ行って、道子先生にこの本を渡し、それから園長先生に「今日の給食をいっしょに食べに来て下さい」と言ってきて」。これをうまくやるのはなかなか難しいことです。まず先生のことばをよく聞き、自分の頭に入れなければなりません。こんな時、小さい子どもは、お使いをあてられたことだけで嬉しくて、先生の言う内容をよく聞かないまま飛び出して行ったりします。春夫君は先生のことばを聞きながら、何かブッブツつぶやいていたようですが、それは先生のことばを自分で復唱(リハーサル)していたのでした。そして、みごとにお使いを果たしてきました。園長先生の出席を確約することばまでおぼえていて報告しました。

お使いの途中で内容を忘れてしまう子も出てきますが、その時も、そのまま行ってしまう子と、もう一度先生の所へたずねにもどってくる子があるでしょう。「忘れた」ということに気づくこともまた大切な認識能力の一つなのです。春夫君の成功は多くの機能によって支えられています。なんと言っても第一は記憶です。先生のことばをよく聞き、それを自分のことばにしっかり置き直し、頭の中に入れなければなりません。しかもこの場合は伝言をも含む二重の構造をもった文です。春夫君はそれを自ら復唱してチェックしていたのです。そして、自分の中に取り入れたことばが春夫君自身に命令し、そのしごとを遂行させてゆくことになります。また園長先生の返事をしっかり報告できるのも、春夫君が自分に課せられた行動の意味をよく理解できていた証拠でしょう。「先生のことば」→「自分のことば」→「行動」→「先生への報告のことば」という形をとっているわけです。

ここで言いたいのは、幼児期では行動がことばへ、ことばが行動へと相互に翻訳され、確認されあうことによって、行動とことばのそれぞれが、よりしっかりと生活の中に根づくこと、またその相互強化が認識の新しい発達を促す土台を作っていくという点です。このような行動とことばの相互強化の機会を幼児期に豊富にもつことが、その後の実践的行為と言語行為を深める力となってゆくのですが、現在の子どもでは、そうした機会や経験は逆に少なくなっているのでないか、危ぶまれるところです。自動販売機や自動改札機など、自動化が普及していきます。一見子ども自身でも操作可能で、自力での行動範囲を広げているようですが、一方で子どもがその遂行にあたってことばを交わし合う機会を奪っていはしないか、それも気になります。

「お使い」とか「お手伝い」ということばと行動が具体的にかかわり合うような場をどうしたらもてるか。さまざまな工夫が今こそ期待されます。

2 対話

ことばのやりとり

幼児のコミュニケーションの大きな特徴は言語活動が、相手との「ことばのやりとり」の中で展開されるという点にあります。そうしたことばを、私は「一次的ことば」と呼びますが、その性質は次のようなものです。

① それは相手との一対一的・対面会話的関係の中で働きます。自分と相手が、話し手、聞き手としての役割を交換しながらことばを投げ交わす中で、話のテーマが展開し、コミュニケーションが深められてゆきます。

② その相手は不特定多数の匿名の人ではなく、自分とよく知り合った特定の親しい人であるのが普通です。自分と日頃から生活をともにし、互いに相手の行動をもっともよく読みとり、了解しあって、経験を共有しやすい人です。一次的ことばの中で、子どもはまさしく「我と

汝」の原基を形づくります。

③話のテーマが具体的で、その対話場面に直接関係する事や物について話し合われます。現に今見ている光景や経験、まだ生々しい記憶の中の出来事、あるいは今実行したいと思っている事柄などにかかわって、リアルタイムで機能することばです。

④コミュニケーションの内容が、そこでのことばの文脈によってだけでなく、その時の場面(状況)の文脈の支えによって伝わります。「オイシイ」という語だけで「何がどれほどおいしいのか」は、ことばにしなくとも、その子が今ケーキを食べている姿や顔をその場で見、その声の調子を聞いている相手には十分通じます。助詞や助動詞が脱けたり、文法が不十分であっても、要点はまちがいなく伝わります。しかもその話相手は先に述べたように、その子をよく知っている人であり、その子のことばの背景になっている経験の文脈をも十分読みとってやることができます。そのケーキを子どもは以前にいつ食べたか、またいつ買ってもらう約束をし、今日までどれほど楽しみにしていたのか等々を知っており、その上に立って、この「オイシイ」がその子にとってもっている意味をとらえます。

幼児期の言語活動はこうしたやりとりことば(一次的ことば)としてまず機能します。これに対して小学校に入ると、そうしたことばの上に新しい用法のコミュニケーションが加わってきます。双方向的な話し手、聞き手役の交換による対話でなく、特定の個人が不特定多数の他者に対して話すという一方向的談話形式の習得が要求されるのです。そこでのテーマは、その場面を離れた事象や、抽象的な概念や論理などについてとなります。たとえば教室の中で、何千年も昔の縄文時代の生活や、人間の平等とは何かが取り上げられる場合です。そのためには、状況の文脈にたよるのでなく、必要なことはすべてことばの中に託さねばなりません。文法を正しく押えて使わないと、大きな誤解が起ります。このようにことばがことば自体の力で、コミュニケーションや思考を促すことが可能になる時期が「ことばの自律期」で、こうしたことばを私は「二次的ことば」と呼びました。重要なのは、そこに話しことばだけでなく書きことばが加わってくることです。私たちのことばは、一次的な話しことばと、二次的ことばとしての話しことば、そして書きことばの三重の層からなります。そして二次的ことばを使いこなせ、それが思考の担い手となるためには、心の中で今一人の自分と対話する「内言」の成立を必要とします。

人は二次的ことばの使用によって、より広くより深い認識と対人交渉の地平に躍り出ることになります。その意味で二次的ことばの獲得は発達上きわめてエポックメイキングな出来事です。発達上の問題として、一次的ことばと二次的ことばのつながり方について考えねばなりませんが、これについては後で取り上げることにします。

対話の中の思考

幼児が自分一人の力で、二次的ことば的に文をつなぎ長い話を構成し、多くの人びとに向けて経験をわかりやすく、くわしく報告するにはまだ限界があります。自分の想像することはかなり話せるようになっても、自分の考えるところを論理的に秩序だてて話し、相手を納得させることまでは困難です。それはことばだけでなく、認識能力上の制約にもよっています。

しかし、ここで強調したいのは、幼児が対話の中で、親しい話相手からの適切な促しや示唆、質問と応答などを手がかりに、経験をくわしく報告したり、物語を作り上げたり、さらにはまた思考を深めたりすることが珍しくない点です。

四歳になったばかりの子どもは先生とこんな会話を交わしています。

「キノウ、オモシロカッタ」

「そう、どこかへ行ってきたの?」

「ドウブッエン」

「そうよかったね、動物園にはなにがいたの?」

「ライオン、キリン、ソレカラトラ、サルモイタ」

「なにがいちばんおもしろかったの?」

「サル、ブランコニノッテタ、サル、コンナカッコシテノッテタ(身ぶりしながら)」

「昨日動物園へ行き、ライオンやキリンやトラやサルを見たが、サルがブランコに乗っていたかっこうが、いちばんおもしろかった」という一連の叙述が、先生の質問を手がかりに成立しています。また子どもの「オモシロカッタ」をより理解し、そこに共感しようとする先生の愛情も見逃せません。

経験の叙述だけではありません。あちこちの家庭でクリスマスが近づくと、「サンタクロース論争」が交わされます。今まで信じていた「サンタクロースの贈物」を早晩子どもは疑いはじめます。しかしその時も、「サンタクロースは実はお父さんだ」と教えられ、一夜にして宗旨がえするような場合はむしろ少ないようです。

来春入学を前にした友也君はもう六歳です。自分の家の煙突は小さいし、また雪も積ることはない。「プレゼントをとどけてくれるのは、サンタクロースじゃなさそうだ」。彼はそれを自分なりに証明しようとつとめます。サンタでないとしたら、「それに代る人があるはずだ」、「その人を明らかにすればいい」という論証法を友也君は身につけたようです。夜中、眠らずにいて直接つきとめようとがんばって薄目をあけていたはずなのに、ついうとうとした間にいつしか、贈物は置かれていました。何人かのサンタ代理者を友也君は列挙し、検討しましたが、どうしてもお父さんしか思い当たりません。とうとう直接お父さんに言いました。

「サンタハ、オトウサンダロ」

「なぜ、そう思うの」

「オカアサンハ、オンナダカラ、サンタニハナレナイ」

「サンタはおじいさんだが、お父さんはまだ老人とちがうし、ひげも生えてないよ」

「スルト、オジイチャンカナ」

「おじいちゃんは東京だし、昨夜来たのなら、泊ってるはずだよ」

「ワカッタ、ツケヒゲダ、オトウサンガサンタノフクヲキテ、ヒゲツケテキタンダ」

「家にはそんな服ないよ」

「ニカイノタンスニ、カクシテアルンダ」

「そしたら見てきてごらん。昨夜使ったのならあるはずだよ」

「ヨシ、ミツケテヤル」

二階へ走って上った友也君はしばらくしてすごすごと下りてきました。

「ナイナア、ヤッパリ、オトウサントハチガウンダナア」

とうとう最後のところで友也君は、お父さんにうまくまかれてしまいました。しかしこの過程で友也君は、ずいぶん進んだ思考活動を働かせているのがわかると思います。まず自分のもった疑いを自分でつきとめることに強い関心をもって出発しています。そしてサンタでないことを直接証明するよりも、それに代る人を見つける方が間接的だけれど手っ取り早いことを知っています。そこでさまざまな可能性をもつ人を列挙して選択肢とし、その中から仮説をもってその一人一人についてサンタにふさわしい属性のあるなしを検討してゆきます。

最後にはお父さんの論法(むしろ詭弁に近い)に負けてしまいましたが、友也君なりに仮説を立て、その証明のため、論理立てて推論活動をおし進めていることがわかります。さらにサンタの秘密をできるだけ先まで隠しておこうとするお父さんと、自分のもった疑問の解明過程を相手にも納得させようとする友也君との論争の中でこの思考が進められている点に注目しなければなりません。その意味でこれは一つの「共同的思考」とよぶのがふさわしいようです。先にあげた動物園の報告が、先生との共同作業によって織りあげた物語であったのと同じです。

この他、I章の「しつけ」で述べましたが、子どもが自分のした行動についてどう言語化し、それを親や先生にどう了承してもらうかという、ことばによる「折衝」もまた、相手との対話の中で進められます。一次的ことばでも、折衝、つまり相手の考えと自分の考えとの間のズレや対立をどう埋め、相手の納得をえていくかの技術の習得は幼児期での大切な発達課題となります。それは子どもの以後の対人発達にとって、もっとも重要なものであり、また民主主義的生活の基盤となるものであることは、先にもふれました。

また子どもが自分一人では想い起せなかった過去の出来事を、親との対話の中で気づくことがあります。その時の自分の感情、親の姿を自分がどう受けとったかなどが想起され、親の記憶と子の記憶が組み合わされて、それが一つの記憶となって維持されてゆく現象は「共同記憶」と呼ばれます。時には親の方が忘れてしまっている出来事を子どもの方が覚えていて、子どもに言われて思い出すことも珍しくありません。このような共同記憶がその後の親子関係の絆を深める拠りどころとして大きく役立ってくることは、多くの人が経験しているでしょう。幼児時代の記憶のほとんどは共同記憶といっても過言ではありません。

対話という「ことばの共同行為」がもたらすこのような効果を思う時、幼児期における一次的ことばの世界の充実と深まりが、以後の発達の基礎としていかに重要かがうかがわれます。

対話世界の貧困化

先にふれたように「二次的ことば」はこの対話としての「一次的ことば」の上に重層的に築かれることになります。その際の問題をここで考えておかねばなりません。幼児期から児童期にかけての言語発達は、一次的ことばをどう二次的ことばにつないでゆくかにかかっています。結論的に言えば、まず一次的ことばの世界が充実した内容をもって確立され、その土台にしっかり根づいた形で二次的ことばの世界が形成されてこそ、子どもは次の新たな世界を拓いてゆけるのです。

しかしそれはそう容易なことではなく、特に今日の社会的・文化的状況はそれをむしろ妨げる方向に働いています。二次的ことばを少しでも早く身につけることが促進され、一次的ことばの形成が未熟なまま、二次的ことばの導入が強制されてゆきます。二次的ことばは、学業成績と関連させやすいので、いわゆる「三歳では遅すぎる」式の能力主義スローガンにしたがって、より早くから幼児を二次的ことばの支配する世界に追い入れようとする動きが年々激しくなっています。情報機器の普及がそれを加速し、家庭での対話時間はテレビやコンピュータに没入することで奪われています。一次的ことばの世界は圧縮され、貧弱なままに幼児期を終ることになってきます。

その貧弱な土壌の上に作り上げられる二次的ことばもまた当然、きわめて形式的で皮相的なものにしかならず、その内実はごく限られた範囲でしか力をもたずに終ります。皮肉なことはそれが今日の小中学生の学力低下や、きわめて短絡的な一人よがりの行動を生む原因につながってゆくということです。盛んに提言される学力低下対策論や、心の教育論の中のどれ一つとして、この幼児期のことばの貧困化にまでさかのぼってそこから問題を見直そうとしないのが不思議です。

一次的ことばの貧弱は、先にあげたような、「我と汝」関係の基礎や、生活経験に根ざした意味形成、思考や対人折衝における共同性の自覚、事象を解釈してゆく力など、これから人間として生きてゆくのに不可欠な基盤を薄弱なものにしてゆきます。それは幼児期そのものの不在もしくは空洞化に他なりません。

この状況の中にあって、一次的ことばの充実と、それを二次的ことばに確かな形でどうつないでゆくか、その要《かなめ》としての役割を担っているのが保育者であり、また小学校低学年の先生です。この一次的、二次的ことばのつながりと、先生の役割については、以前拙著『ことばと発達』でくわしく論じました(あとがき参照)。

3　自分に向けてのことば

自己の成立

ここで幼児期のことばの中で、きわめて重要でありながら、ともすれば見落されている性質をあげておかねばなりません。

対話やコミュニケーションの発達という語を表面的に受けとると、それは他人に向けて、外に向けて語りかける能力や技能の上達というとらえ方になりがちです。その面を強調することはまちがいではありません。しかし、ことばは今一つ重要な性質をもちます。それはことばが、外なる他者に向けて発せられるだけでなく、自己に向けて、つまり内に向けて発せられるという面です。コミュニケーションや対話も、この外に向けてと、内に向けての働きが相互に補強し合うことによって成立し、発達します。

この内に向けて、自己にさし向けられることばは、子どもの人格形成に強く参加するものです。先の節で、「ことばを行動へ」と述べたことも、この「自分に向けてのことば」の一環として考えられます。

ここで、「自己」の発達についてまず述べておく必要があります。乳幼児期の自己や自我の形成については、古くはフロイト以来関心がもたれてきました。現在の発達心理学の中でもいちばん論議が盛んなテーマとなっています。私もその解明に強い魅力を感じますが、ここではごく簡単に要点だけをあげてみましょう。

乳児では、まとまって一つに統一された自己はまだないというのがかつての定説だったのですが、最近の研究では、それなりに行動(外界への適応行動にせよ、また自発的行動にせよ)を生む原初的な自己形態(「自己性」と呼ぶ方がわかりよいかもしれません)として、ある程度のまとまりをもった知覚や情動を中心にした体制が成立していることが確かめられて来ました。それは物理的環境だけでなく、対人的状況についても言え、それらを「生態的自己」と「対人的自己」と呼ぶ人もいます。しかしそこでは、自分がその時その時、その場その場で経験している感覚や情動、欲求や意図をふくむ一体感が中心であって、自分でそれを対象化してとらえるまでには到っていません。

乳児にとって自己の対象化が難しいのは、自己が外界の事物とは異なるからです。一般に認知の対象物は、一つの統一体として外界に存在し、それがもつ外的な特徴を手がかりに、子どもはそれをとらえてゆくものです。これに対して自己は、その身体的部分のいくつかは見えるとしても、自分を代表するもっとも重要な部分である顔は見えません。乳児自身にとって、「自己」というのは先にあげたように自分の内に経験している主観的な「あるもの」であり、しかもそれを表わすのにもっとも有力な「記号」となるはずの「自分の顔」は見えません。(他人の顔はずいぶんわかってきているのに)。一般に対象は外の世界の中にとらえられるのに、自己は自分の内にしかとらえられません。

このことを心理学用語でいうと、「自己」は「表象」の力によって作り上げるしかない、ということになります。そこでの手がかりとして重要で不可欠なのは「他者」の存在です。他者は外に見ることができます。他者と同じように、自分にも顔があり、目や口や耳があり、また表情をもつことを知ってゆくのです。このように他人を見る如く、自分を見はじめる、つまり外界にある認識の対象としての他者と同じく、自分というものが認識の対象となりはじめるのは、乳児期の終りに近い、一歳半ばから二歳の間頃と考えられます。ちなみに、鏡の中のお母さんは簡単に見わけても、自分の像を見て自分だとわかり出すのも、満二歳頃を待たねばなりません。「内的経験体」としての自分と、「自分の顔」が結びつきはじめるわけです。これは後の「概念的自己」の発生ともつながってゆきます。

「私」としての自分

そしてことばです。子どもは生れて間もなく、自分の名前をもらうと、それ以後、名前は自分がもっともよく聞く音声となります。「〇〇チャン」は自分に向けて投げかけられる音声の中でも圧倒的な位置を占めます。しかしそれを認識対象としての自分を意味する語として理解し、自ら使用しはじめるにはまだ時間がかかります。食物を「マンマ」、オ母サンを「ママ」、犬を「ワンワン」と呼びはじめるのより、かなり遅れます。それは、その語の指示対象たる自分が、先に言ったように外的対象でなく、際限なく内に体験される総体だからです。

しかし間もなく、「これ誰?」と自分を問われて、「〇〇チャン」と答えはじめるようになります。さらに「〇〇チャンが、〇〇チャンが」と他からの手助けを拒否して、自分がスルと主張しはじめるようになると、名前はまさしく行動主体としての自分と強く結びついてくるのです。何よりも「名前」のもつ発達的機能は、それまではその場その場で体験されている内容がその時その時の自己を成立させていたのに対して、自分の名前を手がかりに状況や時間を超えて一貫する存在としての「自己」をとらえることが可能になる、ということです。先ほどまで、お姉ちゃんと遊んでいた自分と、今オ母サンに叱られている自分とが、同じ「○○チャン」として成立してきます。時間と空間を超え、そこに一貫して実存する「○○チャン」としての自分の自覚のはじまりです。

さらに重要なのは、名前で呼ばれる自分だけではなく、「私(ボク)」としての自分の登場です。生活環境の違いや個人差もあってまちまちですが、一般的傾向としては、「名前」使用よりは後になるようです。幼児期中頃になると、名前とも併用しながら、「私」「ボク」の使用が活発になります。特に改まった場合、たとえば先生に対してや、オ母サンに「けんか」の言いわけをする時など「ボクは何もしてないのに……」などを用います。名前と「私」のちがいは言うまでもなく、名前は誰からも自分からも「○○チャン」ですが、「私(ボク)」は自分が呼ぶ自分であり、同じ自分であっても他人から呼ばれる自分は「アナタ(キミ)」だということです。もちろん幼児期では「ボク」も固有名詞に近く、周囲のおとなも「キミ」と呼ぶより「ボクチャン」と呼んでやったりします。本人も「キミ」と呼ばれるより「ボク(チャン)」と呼ばれる方が、「自分らしい」のかもしれません。

しかし、子どもが「私―あなた」の使い分けを理解するのはそれほど難しいことではないようです。話し手が誰かによってその語で指示される者が代ること、自分(相手)は「私」にもなれば「あなた」にもなることの理解です。

このことの理解や使い分けがもつ意味について、次のことに触れておかねばなりません。それはⅠ章の「しつけ」成立の前提条件としてあげた「間主観性」とも関係します。そこでは乳児はきわめて早くから、自分が主体であるのと同じく、相手の人もまた主体であることを感じとっているかのように反応することをあげました。「私―あなた」の語の使用はまさしく、この生得的とさえ思われる「間主観」的経験の上に立って成立しているものです。さらにそれを言語的に意識化のレベルで再構成しているわけです。「私」としての自分と「アナタ」としての自分、それは自分と他者の双方を社会的存在として自覚することへの大きい前進です。「私―あなた」関係の中で展開される対話によって、いっそうの相互理解が深まり、「我と汝」の人格的交流の基盤を作ると言えます。

幼児期には、生活の中でことばと対人的経験が一体となって発達してゆくのが特徴です。その他にも関係の上に立つことばの意味をいろいろの形で知ってゆきます。友だちのお母さんはぼくからみれば「オバチャン」であり、友だちの家を出る時は「サヨウナラ」であり、自分の家を出る時は「イッテキマス」です。これらは簡単な習慣の学習ですが、一見容易に見えて難しいことでもあります。「ミナ(皆)」の理解は三歳児ではまだ難しく、先生が「皆さん」と呼びかける時は、「皆」の中には「自分」も入っていて、「自分」にも話しかけられているのだと、よくわからない子も少なくありません。しかも厄介なことに、先生が自分に対して、「皆に向って話してあげて」と言う時の「皆」には「自分」は入っていないのです。そこでの皆は自分と対しあう人全部のことです。いずれにしても「皆」と「自分」の関係は、小学校のクラスの中で本格的に理解されるようになりますが、その土台は保育所や幼稚園の生活で築かれてゆくことに注目しておかねばなりません。

関係に基くことばの使用は当然自分の地位や責任の自覚ともつながります。入学期が近づくと、先生に対しては「私がします」、オ母サンに対しては「○○チャンがする」、弟に対しては「お姉ちゃんがしてあげよう」と使い分けも始まります。このように子どもは、ことばによって行動主体としての自己の統合性を強めてゆくとともに、一方では他者と自分の関係のちがいから、自己の社会的地位と、それにともなう社会的性格への認識を広げてゆきます。

自分のことばを聞く

自分に向けられることばの働きの例や、「しつけ」の中でのことばの果たす役割などを取り上げてきましたが、ここでもう少しその中味に入ってみましょう。特にそこで働く対人関係のもつ機能について考えてみます。

人は他人に話しかけます。しかし本人は同時にその自分のことばを自分が聞きます。当り前のことのようですが、これは種々のレベルで働くきわめて重要な性質です。「遊び」の中で引いたように喃語《なんご》は、自分の出した音声を自分で聞く楽しみによって動機づけられている、一種の音声レベルでの一人遊びだと言われています。それは自分の内から外へ発せられた音声が、外から内へ還ってくる過程です。そこには親がその音声を逆に模倣して返してやる過程が加わったりもします。乳児はその中で自分の声をいろいろに変化させ、それを聞くことを楽しみながら、自己の調音(構音)のレパートリーをふやしてゆきます。

幼児期に入り対話能力が強まり、相手とことばで表わす意味の交換が進んでくると、子どもは対話の中で相手にうまく通じないと、自分のことばを訂正したり、言い直したり、場合によっては簡単な説明や注釈を加えたりすることも出てきます。これは相手に対して自分のことばとそれが含む意味を自分もしっかり聞きとりながら話している証拠といえ、そこにその子の言語意識の高まりをみることができます。対話の深化には欠かせない働きです。最近では、「セルフ・モニタリング」(自分で自分の発話を聞きながら、調整してゆくこと)と呼ばれたりしています。

しかしこれらのことは、単に自分の話し方の調節ということにとどまらず、幼児期ではより深く自己の発達と関連しあうものです。

たとえば、しつけでオ母サンに誓ったり、友だちと約束する場合を考えれば明らかです。さらには、友だちに、たとえば「弱い者をいじめるな」と言う場合、それは同時に、自分に対しても働く「弱い者はいじめるな」という命令となります。つまり自分が他人に対して説くことは、同時に、(あるいはそれ以上に)自分の守るべきことであり、他者への要請は自己への命令でもあることを、幼児は知ってゆかねばなりません。

このように考えてゆくと、これはもはや幼児だけの問題でなく、私たちおとなのすべてが自覚しなければならぬ人間としての生き方の基本だということに気づくはずです。いや他人には要求する道を自分には適用しない点になると現在のおとな、ことに権威をちらつかせるおとなほどひどいのが現状です。なぜそういう人間が増えてゆくのか、そのことは「誠実なることば」の育つ要件と関係してきます。これについては本章の終りで考えます。

他者の取り入れ

他者に向けてのことばが、同時に自分に向けても意味をもってくることを中心に見てきました。しかし同時にそれ以上に多くのことばが他者から自分に向けられてきます。さまざまな人から、さまざまな状況の中でかけられるのですが、その中から、特に自己と関係してくる場合をあげて考えてみます。

自分のことばで自分の行動をコントロールする簡単な例として「かけ声」があります。二歳児では、少し高い壇の上から両足を揃えて跳びおりるのが難しい子がいます。そういう子に先生が手をつないでやりながら「ポイ」と声をかけてやると、うまく踏み切ることができますが、やがて、手をつながなくとも「ポイ」と言ってやるだけで跳べるようになってゆきます。そのうち今度は自分で「ポイ」と言って跳べるようになり、さらには、「ポイ」と声に出さなくとも踏み切れるようになってゆきます。これを「ことば」と言えるかどうかは別としても、最初は先生が外から自分に向けてかけてくれていた「ポイ」を、今度は自分で自分に向けて使うこと、それによって自分をコントロールしてゆくことは、興味深い現象と言えるでしょう。最後には、外への音声に出さなくとも自分の心の中で、内なるかけ声として自分にかけてゆくことになります。この「ポイ」は単に自分の足の動作への指令だけでなく、踏み切る時の自己への「思い切り」というか、「勇気」へのはずみともなる声です。この発達の中には、きわめて重要な機能が集約されています。はじめは外からきたことばを、自分のことばとして取り入れ、それを自分に向けて自分の内で用いてゆくという働きです。

　このような働きは幼児期の自己形成においていろいろの状況で重要な役割を果たします。しつけの場面で熱湯に近づく時「ダメ、ダメ」とか、道を横切る時「両方をよく見て」と父母サンがかけてくれることばを、次には自分一人でその状況に合わせてつぶやきながら自立してゆくこともあるでしょう。励ましのことばは特に力になります。先の「ポイ」も動作の調整以上に一種の励ましのことばのはしりです。「コワクナイ、コワクナイ」とか、「イタクナイ、イタクナイ」、「ダイジョウブ、ダイジョウブ」、「ガンバッテ、ガンバッテ」など、親や先生からかけられることばを自分に取り入れ、自分で自分を励ますことができるようになった時、子どもは新しい世界を、自分の力できり拓いてゆくことが可能になります。

ふり返ると、これはおとなでも同じではないでしょうか。自分で自分を励まさねばならぬ時に用いていることばの出自をたどる時、それはこれまでの生活のどこかで、親しい人がその心をこめて自分にかけてくれたことばであったことに気づくはずです。幼児期はとりわけそうした自己督励の原型ができ上がる時期です。

しかもここでつけ加えておかねばならぬのは、自己督励となることばをかけてくれる他者、つまり自己への取り入れの対象となる他者は、誰であっても可能だというのでなく、自分と生活をともにし、経験を共有し、相互に理解し合っている「好きな人」(Ⅰ章3節「愛する者と生きる」参照)であるという点です。子どもは好きな人のことばを自己のことばに取り入れてゆきます。その人とよく交わした対話自体を、「二人対話」として自分の中でも交わすのです。

「ボク、コワイナア――大丈夫、大丈夫、こわくないよ」というのが自己督励の中味です。そしてその好きな人のことばの取り入れは、それを通してその好きな人自体を自分の中に取り入れてゆくことになります(このような他者の取り入れは「融即」と呼ばれます)。幼児期の発達の中でもこのことはきわめて重要な問題として見逃せません。この時期に好きな人を介して、ことばが自分の内と外をしっかりつなぐものとして成立してくるからです。

自己の形成過程はここで一つの大きい転機を迎えます。つまり、自分の中に、二つの自己の原型ができてきます。話しかける自己と、それを聞く自己です。対話を交わしあう相手を外にもつだけでなく、自分の内にももつことになります。そしてその橋渡しの役割を果たしてくれるのが、「好きな人」なのです。心理学では、その人が「意味ある(大切な)他者」と呼ばれ、内なる今一人の自己が、「自己内他者」とも呼ばれるのはそのためです。

もちろんこの二つの自己の間の対話が、十分に内面化され、状況に応じて自由に交わされ、それが思考の重要な担い手になるには、小学校の後半の時期を待たねばなりません。いわゆる「内言」と呼ばれる機能の成立です。しかしその構造の基礎ができ上がる時期として、幼児のことばの対話的特徴に特に注目しなければなりません。

「独り言」

自己内対話の初期の形が幼児期にうかがわれるのは、彼らの「独り言」の場合です。聞き手が不在な状況で自分に向けて話しているのですが、それはまだ内言という形にはならず、声を出していると考えられています。つまり「独り言」を、外的対話が内言にいたる時のステップととらえるのが定説です。「独り言」はまだまだ研究することが必要なテーマだと思います。

「独り言」にも、いろいろの形があり、将来の発達につながる多様な契機や機能が含まれているように思えるからです。

先に述べた行動の調整や感情の表出に伴って出るような独り言もあれば、他者との対話を融即的に取り入れて用いるものもあります。あるいは象徴遊びの中で自分の演ずる役割を表わすのに用いたり(たとえば人形を抱きながら赤ちゃんの泣き声や、お母さんのあやす声を出すような)、「ボクハ、ウンテンシュダ」と宣言したりします。絵本やお話で聞いたことばをつぶやいたりすることも多いし、何といってもテレビで見聞きした言動の模倣が独り遊びで多いのは、昔の子どもには見られなかった現象です。

認識の発達とともに、独り言もずいぶん変化してきます。「イヤダ」「ウレシイ」とか「カナシイ」「コワイ」とかの感情表現語が出てくるとともに、さらに「ワカッタ」とか「イイカンガエガアル」とか「オボエテイル」「オモイダシタ」などのいわゆる自分の思考活動を指すメタ認知的なことばが、対話の中だけでなく独り言としてもよく出てくるようです。より進むと、自分の作り上げた話(作話)をつぶやいている場合も出て来ます。ここまでくるとおとなの独り言とも変らなくなるでしょう。

幼児の独り言は、その対話に劣らず、子どもの個性の中味を覗く重要な窓です。ただし文字通り「一人」言であって、それをとらえるのは難しいのですが、幼児の生活ともっとも身近な所で密着して交わっている親や保育者に、いちばん研究してほしいテーマでもあります。

4　出来事の意味づけ

出来事の解釈

ことばを話しはじめてわずか数年、実に多様な形で幼児のことばは機能し出します。そこにはおとなの言語活動の原型がほとんど出そろってきます。それらの中から、行動とことばの関係、やりとりことば、自分に向けてのことばなどに注目してきましたが、それらに加えて、今一つの働きをあげておきたいと思います。それは子どもが遭遇するさまざまな出来事について、どう「語って」ゆくのかという観点から見た時に現われるものです。

子どもにとって、「生活」とは、次々と起る多くの出来事の連続よりなっています。いわば経験の連続体として成立している「あるもの」なのです。保育所や幼稚園の生活もまたそれなりに一つのまとまりをもった連続体であって、子どもの全生活の中で重要な部分をなしています。

一般的にいって人間は生きてゆく中で遭遇する出来事を、それが自分にとってどういうものなのか、つまりその出来事に意味づけをしながら受けとめてゆきます。これは、おとなにとっても、幼児にあっても同じです。おとなの場合は過去の多様な経験の蓄積があるので、大半の出来事はそれに照らして処理できるのが普通です。これにくらべて幼児の方はそうした参照の拠りどころとなる経験が少ないだけに、遭遇する出来事の多くは新奇性に富んでいます。おとなに比して、子どもの方が生活を新鮮に生きていると言われるのもそのためでしょうか。

子どもは日々起る新たな出来事を自分なりに意味づけてゆかねばなりません。出来事の意味づけは、事物や人を意味づけるよりもさらに難しいことと言えます。その意味づけは一つの「解釈」過程と考えられます。ではその「解釈」はどういう形をとってゆくのでしょうか。

簡単な例でいうと、朝、自分を追いぬいて走ってゆく小学生を見た幼児が、「あのお兄さんはきっと学校におくれそうだから走っているのだろう」と言いました。またある女の子は、毎朝通園の途中に通る洋服屋さんのお店のシャッターが下りたままになり、しばらくして別のお店に変っていた時、前の店があまり調子がよくなくて引っこし、持ち主が代ったのだろう、またその家の自分より一年上の組にいた男の子は園で見かけなくなったので、よその新しい園へ通っているのだろうとの推測を述べました。それらの背後には言語化されなくとも、あの走っていたお兄さんは朝御飯は食べただろうか、先生から叱られなかっただろうかとか、また引っこして行った男の子の境遇に対する同情も含まれているでしょう。

これらの推測や想像は、それほど複雑なものではありませんが、注目されるのは、幼児たちが自分の出会ったこと、「小学生が速く走っていった」ことについて、また「洋服店がなくなったこと」と「新しい店ができたこと」の関係について、それらを部分として含む一つのストーリーを構成し、その文脈においてその出来事を解釈し意味づけようとしていることです。

このようにいくつかの出来事(事象)群を一つのストーリーの中に置いて関係づけ、意味づけてゆくとともに、さらにそれに沿ってストーリー全体をより精緻なものにしてゆく試みを「ナラティヴ化」(物語化)または「ナラティヴ的解釈」と呼びます。

物語と呼ばれるものは、言うまでもなく文学を中心にフォークロア、また歴史(ヒストリー)として出発してきました。最近では裁判における告訴や弁論、判決における犯行の解釈、政治上の宣言(たとえば戦争開始の「大義」の説き方)、カウンセリングでの心的原因の推測、また日常生活での意見の衝突、近頃多い「自分史」の作成、そして今あげてきた幼児の推理や想像にいたるまでが、物語構成にかかわる領域として注目されるようになってきました。

高次の論評から幼児のヨ常の話にいたるまで、それらの領域には共通する点があります。それは純粋に論理的に、または自然科学的因果性によって達しうるような唯一の正解を求めることは不可能な諸事象を、一つの物語の中に置くことによって「解釈」し、「意味づけ」、「関係づけ」ようとしていることです。またそれは、自分独自の世界を作り出してゆく手段として物語を構成しているとも言えます。そこには、部分がストーリー全体によって意味づけられ、その全体もさらに部分によって意味づけられてゆくという物語的循環が見られます。

物語への出発

幼い子が物語を作ったりするものかと疑うおとなは多いようですが、子どもに少しでも親しく接した人なら、幼児がいかに早くから物語に興味を示すかは知っているでしょう。二歳半ばともなれば自分のことばはまだたどたどしくとも、親や先生がしてくれるお話を喜びます。毎晩寝る時にくり返してもらう「好きな話」をもっています。また「作話」の芽も出てきます。対話の中では、相手の促しや問いかけに応じて、一つの物語を綴り上げることができます。夏、浮輪を買ってもらって喜んでいる二歳児との対話です。

「浮輪でどこへ行くの?」
「オニガシマへ、ユク」
「鬼ヶ島に誰がいるの?」
「カッパガイル。カッパト、スモウトル」

日頃から聞いている「桃太郎」や「河童」の話を利用しているのですが、フィクション的な作話のはじまりとも言えます。

また心理学の分類テストで「バス」「トラック」「電車」「家」の四枚のカードを前にして、「この中で、一枚だけ仲間とちがうものはどれですか」と問われた三歳児は、しばらく考えた後、「トラック」がちがうと言いました。「なぜ?」と聞くと、「この間、バスに乗り、それから電車に乗って、おばあちゃんの家へ行ったから」というのが答えでした。

このような分類のしかたは、従来概念化が未熟な段階のデタラメ反応とされてきました。しかし子どもははじめて接した一風変った質問に対して、自分の経験に基く一種の物語の中に取りこめるバスと電車と家を一つのクラスと見なして応じたのでした。これは先のフィクション的な「鬼ヶ島」物語とちがって、想像によるよりも自分のリアルな経験に基く物語使用の例です。

他にも自分が出会う出来事や、お話として接する状況について幼児が作り出す物語が多く報告されています。それらの中で興味ある指摘として、物語作りを動機づける手がかりについての研究があります。それによると、その出来事や状況が一般的常識や習慣通りに進行している場合よりも、それらに反したり矛盾するような場合に物語作りが強く活性化されるということです。つまり、予想に反して生じるギャップをどう埋めるかには解釈が必要となるのです。たとえばⅢ章で引いた例を思い出して下さい。幼児にバースデイケーキを前にした女の子が喜んでいる場合と、泣いている場合を示し、それについての話を作らせてみると、喜んでいる場合ではごくありきたりの単純な話しか作られなかったのに対して、泣いている場合の方では、その原因をいろいろの形で推測した多様な話が創り出されました。

このことは重要な問題を含んでいます。つまり物語は、常識に反したり、日常当然とされる規範から外れた出来事に出あった時、それをどう解釈するかという努力のうちに生れるということです。換言するならば、その逸脱をうまく納得できるような物語を作り、その中にはめこもうと努力すると言えます。またある出来事と他の出来事が、論理や科学的因果律でうまく関係づけられない時に、その出来事同士の間に、どういう第三の出来事を想定すれば、それらがうまくつながるのか、という探索の試みでもあります。それは、矛盾や阻害を含む状況を言語的に克服しようとする問題解決の過程に他なりません。

私たちおとなでも順調な生活を送っている時は、ほとんど物語を作る必要がありませんが、何らかの理解困難や葛藤に直面して何とかそれを超えていこうとする時、その困難や葛藤が、自分の生にとってもつ意味の発見が必要となります。自分の生活史の中にそれらを位置づけるために生の物語を作り出してゆくことが要請されてくるのは、子どももおとなも同じです。

物語の構成要素

もともと「出来事」、さらにはその連続体としての「生活」そのものが、「物語的構造」を内在させていると言えます。その構造をやや図式的に述べておきましょう。まずそれは人と人がかかわり合う場において、一つの「時系列性」をもって継続的に展開されてゆきます。そこでは「行為主体」としての人が、その「状況」に応じて、「自己」の「意図」や「目的」達成のための「手段」として「行動」します。そしてその「結果」が、「自分」自身や「相手」の人や、状況に「変化」を及ぼし、その変化への新たな対処として次の行動が促されます。そして同時に、その「相手」もまた「行為主体」としてふるまっています。行為主体同士のかかわり合いとして出来事の世界は織りなされてゆきます。さらにはその世界の外から大きい力が加わり、時にはその状況への対処をきわめて困難にすることも起ります。それをどう超えてゆくか等々、生活、そして出来事の中に含まれる要素は、そのまま物語(ノンフィクション的であれ、フィクション的であれ)の構成要素と重なっています。

こうして物語が構成される際には、その中のどの行為主体の視点を語り手の視点とするかが、まず必要となります。もちろん、すべての主体を全く外から視る、いわゆる「神の視点」に立つこともありますが、それは今措くとしましょう。

幼児では当然自分の視点を中心に、行為主体としての自分の経験を語ることが中心になります。「語り手」(正確には物語の「作者」)としての自分が、その語りの中の「主人公」となるわけです。このような作者と作中主人公の一致は、文学ジャンルでは「自伝」と呼ばれます。それに従えば、子どもの物語作りはまず自伝から出発すると言えるかもしれません。

先に子どもが、概念的に自分を対象化(「概念的自己」)しはじめる萌芽が一般に二歳半ば頃(個人差あり)とされると言いました。さらに四歳頃からは、自分が「過去」をもつこと、言いかえると「想起可能な自己」を知りはじめます。大げさに言えば「歴史的自己」の出発とも考えられるでしょう。"historical self"「ストーリーを担った自己」になるとも言えます。

自己を語る

素朴な形ではありますが、自己を語りはじめる例として、ある子は四歳の誕生日を迎え、「今日からひとりで寝る」と宣言し、昨日まではお母さんにベッドまで送ってもらっていたのが、その日から一人で寝にゆくようになりました。言語化はされていませんが、昨日までは一人では寝られなかった「過去の自分」との訣別と、新しい自己の宣言と言えます。その子はその頃から「前はこの溝を跳べなかったが、四つ(四歳)だから跳べた」とか、「注射は痛かったが泣かなかった。先生が「強いね」とほめてくれた」というような自己についての言及がいちじるしく増えてきました。

そして何といっても「自己を語る」典型は、しつけなどの場で自分の行為を問い質された時どう釈明するかでしょう。そこでは自分の行為の動機や感情を、できるだけ相手も納得する形で述べねばなりません。これについてはすでに述べました。また幼児は形式的な自己紹介も可能になってきます。

五歳のある女児は、電車の中で自分にやさしく語りかけてくれたおばさんに「私は五歳で、○○A子です。今○○保育園の梅組です。これは弟のB男で一歳です。かわいいです。これから私たちはプールへ行きます」と進んで自己や弟を紹介しました。それは事実の言語化ですが、自己と家族について明確に語っています。

この女児は、園の砂場で起ったトラブルを夕食時、お母さんに報告しています。

「今日、ひるの遊び時間、砂場で、FちゃんとG君がケンカをした」

「どうしたの」

「Fちゃんがスコップでケーキを作っていたら、G君がスコップをだまって取ろうとしたの。Fちゃんが渡さなかったら、G君が押して、Fちゃんはひっくり返って泣いた」

「それであなたはどうしたの」

「私がG君に「アヤマリ」と言うと「イヤヤ」と言ったの。そこへ先生が来て「G君だめよ。あやまりなさい」と言い(G君は)「ゴメン」と言ったら、Fちゃんも「ゴメン」と言った。「仲良くね」と先生が言い、(Fちゃんは)スコップをかしてあげた」

「良かったね」

「良かった。Ｇ君はよく勝手するんだけど、スコップで大きい山を作りたかったんだと思う。Ｆちゃんもよくカンニンしてあげた」(もとの方言部分は筆者が補正)

時に途切れがちでしたが、今日の出来事を対話形式でお母さんに語っています。実際にあった出来事でなくて、仮りに創作としてもそのまま一つの物語として立派に通用するものです。この報告で注目しておきたいのは、これはＡちゃん自身の視点から述べられていますが、その中に、Ｇ君やＦちゃんの視点を思わす叙述も入りかけている点です。それらに対するＡちゃん自身の批評も入っています。物語の中に作者から見た光景と作中人物が見る光景が二重に入ってくることは、物語の精緻化にとっても、さらに自己や自己―他者関係の認識にとっても、きわめて大切なこととなります。

「昔の私」

一年生になった子が「幼稚園へ入った頃はこの道遠かったわ、今は近いが」と述懐しました。自分が出た幼稚園はその学校に併設されているのですが、この短いことばの中には、入園当時の自分が見ていた光景と、今の自分がそれを見ている光景が二重化されて入っています。

今の自分が過去の自分を語るには、過去の自分の視点からとらえていた世界(その時の自分も含めて)と、今自分の視点がとらえている世界との関係づけが必要であり、またそこでは自分自身の成長感が自覚されてゆきます。

自己の生活史にかかわる記憶は、「自伝的記憶」と呼ばれますが、幼児期はまさにその発現期と言えます。そして大切なことは、幼児期は幼児期自体の中で終るものではないということです。そこでの経験は記憶としてはいろいろの形で貯蔵され、学童期から老年期にいたるまでの長い間に、必要に応じて想起され引き出されます。それはその時の「今の自分」を意味づける形で新たに再構成されてゆきます。このことは、一生を通して、自分の中で「幼児期」そのものが成長し続けてゆく過程に他なりません(終章参照)。

幼児期そのものが極端な外圧やバイアスを受け続ける時、そこで醸成されるべき記憶の資源が貧困化し、それをもとに構成される物語や、自己感情そのものも貧困化してゆきます。能力主義社会へのより早期からの追いこみが、幼児期での経験をきわめて単純化し、「語るべき自己」を喪失させてゆくことは見逃せません。また、最近ますます懸念されている乳幼児への虐待は、ネガティヴな記憶のみを強化固定し、自己を語る力を枯渇させる恐れがあります。

どれだけ豊かな形で、柔軟に自己を語る基礎を育てられるかは、幼児期の大きな課題と言えます。「自己を語る」ことは、自分の「居場所」の表明であり、アイデンティティの表明に通じてゆくものだからです。

5　ことばにおいて誠実なる者

「誠実なることば」の喪失

「ことばの乱れ」はいつの時代にも指摘されてきました。国語学者や文学者といった文化の担い手の第一線を自任する人たちが国語の将来を憂え、国語教育者は「ことばのしつけ」がおろそかになり、それが今日の道徳性の低下ともつながっているとします。「正しいことば遣い」や「敬語」の使い方を説く本は常にベストセラーの上位を競っています。もちろん幼児期でのおとなとの対話の中で、それぞれの状況に応じた語法が選択され、日本語のもつ美しい表現が守られてゆくのを願います。

ここで取り上げておきたいのは、そうしたことばの使い方のもう少し奥にあって、言語行為を支えている態度の問題です。

今日の社会では、子どもや青年の社会的行動や人格形成をゆがめてゆく多くの力が働いています。そうした中の一つとして、現在のおとなの言動があまりにも誠実さを欠いている場合が多いことがあげられるでしょう。子どもや青年は自分の身近な生活の中で、またテレビやマスメディアの中で、多くのおとなたちの言動をリアルタイムに見聞きしています。ことに後者では政治家をはじめ、現在社会を動かしていると自他ともに認める有名人たちが出てきて語ります。その際の語り手のことばや態度の中に言語的誠実さが伝わってくる場合がどれだけあるのか、そしてそれらが子どもや青年にどういう形で伝わってゆくのか。「言語環境」、そして「教育環境」を考える時、それは見逃せない問題と思います。

それなりの社会的に責任ある地位にいる者には、タテマエをホンネと使い分けしなければならぬ場合もあることでしょう。しかしその際にも聞き手に対する語り手としての誠実さは要請されるはずです。そして相手を最後に納得させる決め手となるものもその誠実さにあるはずです。今日のメディアへの登場者のすべてがそうだとはもちろん言いませんが、自分の主張や要求を、権力をかさにきて強弁し、しかも聞き手や相手への威嚇、もしくは侮蔑を前提に得々と論じている人間がいかに多いことか。他者は蒙昧で、こちらのことばの使い方でいかにでもあやつれるものとする、もっとも唾棄すべき言語観が如実に暴露されている場合がますます増してきているように思えてなりません。

子どもや青年がそれをどう見ているのか、もちろん彼らの多くは確かな目をもっていると思います。同じ一つのことをめぐる何人かの発言にメディアで接した時、それぞれの人の話し方の奥にある人間としての誠実性と不誠実性とを識別しようとしているようです。ことばの誠実性を見きわめる力こそが、今日ほど求められる時はありません。

何よりもおそれるのは、子どもや青年がこうした「エライ人」の言行にくり返しさらされることによって、「えらくなれば、どんな言い方をしてもいいのだ」、「力さえもてば、人をだますことなど罪にならない」、「ことばなんてその場の方便だ」という態度や意識を身につけてゆくことです。ことばの誠実性などは一切放棄されてゆくかもしれません。ことばと誠実性の乖離、それは「大義」と称して大量殺戮を当然とする政治家から、自分のみに通ずる理屈を立てて友だちの殺傷にすら至る青年、また先にあげたような、他者に求める規範と自己を律する原理とを使い分けるような道徳論者(たとえば人間への畏敬を説きながら、自らは人の中傷文書を撒くような)に現われてきます。

もちろん人間は弱い存在です。自己を守るために嘘をついたり、また時には相手の立場のために嘘をついたり、沈黙を守ったりしなければならぬことも出てきます。しかしその際にも、自分が嘘をついている行為にどれだけ自責と罪の意識を感じとっているか、それはことばにかかわる倫理感の問題です。

ことばの誠実性の喪失は、コミュニケーションの様式が多様化するほどさらに進行すると思います。将来を生きてゆかねばならぬ今の幼児たちが、なおかつその中で先にあげたようなおとなに堕することがないためには、幼児期において今さし当たって何が大切かを考えることが保育者や親の課題となります。

誠実なる他者

ことばの誠実性と幼児期の関係を探る前に、「誠実なることば」とはどういうものを指すのか考えておく必要があります。人間の言語行為としてこのきわめて重要なことを、ことばを研究するはずの言語学も、言語心理学も定義できないままになっています。それは言語行為というものが言語自体としてもつ属性だけでは解釈できず、言語をどう用いるかという行為主体にかかわってくる問題だからです。ここで私は、これまで述べてきた脈絡において、「誠実なることば」を一応次のようにとらえておきます。

くり返しになりますが、幼児は自分と深い絆で結ばれた他者に語りかけ、またその他者が自分に話しかけます。そして重要なのは、その人に向けて話しかけることばを同時に自分も聞く、ということです。他者に話しかけることは、自分に話しかけることであり、さらにまたその深く結ばれた人が自分に話しかけることばを、次には自分のことばとして、自分に向けて語りかけてゆきます。

「誠実なることば」とは何か、右の文脈においてあえて言うならば、「他者に向けて語りかけながら、そのことばが、より強く本人自身に語りかけることば」と言えないでしょうか。

そのことをもっともよく示してくれる例として、チャップリンの『ライムライト』が浮かびます。五十年以上前の映画ですが晩年に近いチャップリンは、その深い人間省察を涙と笑いに包んでいます。——かつて名声をほしいままにしたが、今は落魄の身を酒に託す老喜劇役者カルヴェロが、脚の心理的麻痺で立てなくなったバレリーナ、テリーに出会います。彼は「意志を失うな、戦え」とテリーを励まし、彼女を養うべく酒を断ち、昔のってを求めて舞台に立ちます。しかし観客はもうふり返ってくれません。失意と挫折にひしがれたカルヴェロに、今度はテリーが言います。「あなたは私に何と言ったの(Remember what you told me!)。今こそあなたは戦うべきよ」。そして激励しながら彼女自身は無意識のうちに立ち、歩き出します。

二人は互いに相手を励ましながら、実は自分を励ましていたのでした。他者に向けたことばが、同時にそれ以上に自分に向けられる、こういうことばこそが、他者と自己、人と人をもっとも根源的なところでつないでゆくのではないでしょうか。チャップリンが見事にその真実を描き出しているので、ここに引きましたが、このような経験は、私たちも人との交わりの中で見つけることができるはずです。子どものために、教え子のために、友のために、病者のためにと他者に向けて懸命にしている行為が、どれだけ自分自身への励ましとなり、生き甲斐になっていることか。誠実なる人間関係とはそういう相互性によって支えられており、そこで交わされることばこそが誠実性によってこそ裏づけられるはずです。そして今一つ大切なことは、自分が相手に向けたことばが、その親しい相手を通して自分に投げ返されてくる時、それはより深い新たな真実をはらんで返ってくるという点です。

このような誠実なることばの基盤は、幼児期に築かれます。そしてそれに不可欠なのは「誠実なる他者」の存在です。先に「他者の取り入れ」について述べたことを思い出してほしいと思います。子どもが自己の内的世界を作ってゆくのは、誠実な対話の相手のことばがまず自分のことばとして取り入れられ、さらにそれを通して相手の人そのものが自分に取り入れられることによります。「自己内他者」、自分の中に自分の話しかけを聞き、また自分に話しかけてくる今一人の自己が成立するのです。その自分に取り入れてくる人が、どういう人間かということは当然、その内的世界、さらには人格の形成の中核に深く影響を与えます。

もちろん幼児期に限らずその後の生涯においても、ことばにおいて誠実な人と接する機会をどれだけもつかが重要です。若き日の日本留学の思い出を記した魯迅の「藤野先生」を思い起します。別れて二十年後、北京の書斎で、「いまにも語り出しそうな」師の写真を仰ぐことによって、「良心がよびもどされ、勇気も加わる」魯迅の姿は私たちの心を打ちます。

幼少期から自分に取り入れる対象として、権威をもってしか人に語りかけない人、他者を律するに道徳を説きながら、自己を律する良心をもたぬ人しか周囲にもたずに育つ場合、どういうことばを使う人間ができてゆくのか、先にあげた社会の指導者を自任する政治家や道徳論者たちの姿が浮かんできます。しかも誠実なることばの基盤となるべき人間関係と言語環境が、時代とともに侵蝕されていることが危惧されます。

ことばの乱れ論や、ことばのしつけ論も、それに先立つ、こうした幼児期からの「誠実なる他者」の存在に目を向けるところから出発し直すべきでないかと、切に思います。

終章　内なる幼児期

生きることの意味づけ

人は意味を生きます。知識によって生きるのではありません。意味を求めて、また意味を拠りどころとして生きます。かつての学園闘争時代、相手の主張に対する最大の攻撃として、「ナンセンス！」という語が飛び交いました。相手の拠る意味の否定は、相手の生き方と人格そのものに対する最高の侮蔑とされたわけです。「意味をなさぬ」ことは「知らない（知識をもたぬ）」ことよりはるかに恥ずべき対象とされたことは、生き方と意味の不可分性を示す例といえます。

「人間は意味の刑に処せられている」と言った哲学者がいたようですが、「刑」かどうかは別としても、幼児が幼児なりに自分の周囲で起る出来事をどう意味づけてゆくかということから、死を前にした老人が、自足的であれ絶望的であれ、自分の生涯をどういうものとして意味づけるかまで、確かに人間は意味という十字架を背負って生きてゆかねばならぬのかもしれません。しかもそれは自己の内だけに限られたものでなく、背景として担う文化によって強く規定されています。

幼児は未知の世界に投げ出され、そこで模索と探索の日々を重ねています。最近の乳幼児研究では、かつて考えられていた以上に彼らは生まれつきから高度の認知能力を備えていることが明らかにされてはいますが、それにしても彼らが遭遇する出来事や経験は自分がもち合わせている知識や技能の域を大きく超えています。それにもかかわらず、彼らが大きな混乱に陥らずに生活を楽しんでいるのはなぜか、不思議に思うのは私だけではないはずです。幼児(期)は一つの大きい謎を宿した存在(時期)と言うほかありません。

この謎を解くには現代の心理学はまだまだ非力ですが、それに向けての研究は増加し、目下の知見を概略するだけでも大著を必要とします。ここでは、その謎解きの手がかりの一つとして、人間の持つ「意味化」という機能に注目したいと思います。それは子どものみならず、おとなも含めて、人間を人間たらしめている働きです。

私たちは自分の既成の知識(や方法)だけでは処理できぬ事物や出来事に接した時、その対象をこれまでの知識や経験と結びつけて、何とか意味づけ、自分のうちに取りこもうとします。私たちの中にあるその機能を「意味化」の機能と呼ぶことができます。おとなに比べて、はるかに未知の環境を生きねばならぬ乳幼児期は、その機能をフルに発揮して外界の事物や事象に意味を付与し、それによって世界をつかみ、また自己を創り出してゆく重要な時期です。しかし乳幼児が未知の事物を知り、理解することは、彼らがそれに数多く接しさえすれば、半ば自動的に可能になるものではありません。乳幼児はそれまでにもち合わせてきた知識や経験を基礎に未知のものを関係づけながら、それに新たな意味づけをほどこしてゆきます。「知る」ことや「表現」することも、意味づけの機能へとつながってゆくところに人間の認識作用の特色があるわけです。そして、事物や事象にとどまらず、「自分」という存在をどういう者として意味づけてゆくかに、自己のアイデンティティと「生き方」の問題がかかってきます。

四つの相に見る「意味化」

ここで、今までに述べてきた幼児期を特徴づける四つの相を、「意味」という視角からふり返っておきましょう。それは「幼児期」をどういうものとして意味づけるかの問題でもあります。

まず、子どもは「しつけ」にあって、自分の行動やふるまいが他者に対してもたらす意味を自覚してゆくこと、それを単なる自分の「行動」でなく、人間としての「行為」として成立させてゆくことを強調しました。さらにそのことは非合理的な社会の中で、なおかつ「人間的に生きる」ための出発点でもあることを述べました。

次に「遊び」、特に象徴遊びでは、物や人がそれ自体としての意味をもつだけでなく、他の物や人を表わす「記号としての意味」をも担いうることを理解し、それによって現実と虚構、自己と他者の二重化が可能になること、またゲーム的遊びへの参加の中で、「ルールの前の平等」や「遊びの倫理」のもつ意味を体験的に知っていくことを見ました。

さらに「表現」は、記号(動作や音声、ことば、造型など)を創出して、新たな自分の創造的世界を具体的に実現することであって、そこでは幼児の獲得した象徴機能がより積極的に発揮されること、それゆえ意味創造の典型というべき過程であることに触れました。

最後に「ことば」はいろいろのレベルで、意味ともっとも強く関連し合います。行動の層で形成された意味は、言語化によって、ことばの秩序にしたがって再構成されることは周知の通りです。それを前提としながら、自分が「私」という語で実体化され、さらに「自分を物語る」という言語行為が、自分の新たな意味づけと自己理解を促すことに、そして、他者に向けてのことばが、同時に自分にも向けられることによって意味と価値は共同性をもつことに論点をあてました。そして成人してからの「自伝的記憶」では、自己の中に新たな形で意味づけられた幼児期が生み出されてくることにも注目しました。

このように「意味化」作用は幼児期の柱となるテーマとして各章を貫いています。ただし、記号体系との整合性において問われる「記号的意味」と、行為やその価値という文脈の中で問われる「存在的意味」というように、「意味」という語はきわめて広義に使われます。ここでは特に次のことに注目しておきたく思います。

四つの章に通底しているのは、それぞれで扱われる「意味化」や「意味形成」が、自己―他者関係を母胎として発生し、それがまたその関係性を変化させてゆくという点です。しつけにおける自己実現と他者との関与、遊びの中で実現される自─他の二重性と平等性、表現過程のはらむ自己への集中と他者の目への意識、他者に向けてのことばと自己に向けてのことば、等々を、その都度強調してきました。そしてそれは自己と他者個人との関係にとどまらず、個人対他者一般、個人対集団、個人対文化との機縁を内包していることは言うまでもありません。

このような自己─他者の関係性を前提とした、「行為主体」としての子どものもつ選択性と個性の問題、生活と行動の中で培われる知的機能や倫理的感情の基礎なども、どの章とも関連するものでした。

意味づける力の貧しさ

自分が遭遇する出来事をどう意味づけるか、さらには世界や人間、そして自己そのものをどういうものとして意味づけるかは、その人間が幼児期から老年期にいたるまでのそれぞれの時期を生きてゆく上での中心的拠りどころとなります。そして社会的状況が複雑化するほど、それらの意味づけはより重要になりますが、同時により困難ともなってきます。

幼児期は、くり返し述べてきたように、その意味づけの働きを促す決め手となる諸機能が、時間をかけて育てられるべき時です。その幼児期がひたすら大人社会の下請けの先取りのみに費やされるならば、意味づけの基礎として欠かせぬ力が不全なままに育つことになるでしょう。そうした子どもが学童期や青年期において出くわす出来事や、自分自身の新たな欲求の変化に対して、いかに短絡的な反応に終始していることか。それは、彼らが世界や自己を意味づけてゆく力と、自分をめぐって起る出来事に対する解釈力の貧しさを露呈している現象に他なりません。その兆候は子どもだけでなくおとなにあってもすでに現われてきています。

今日の教育では、子どもに多くの知識をいかに効率的に教えるかに集中し、子どもが世界や自己自身をどう意味づけてゆくか――世界をどうつかむか――、その方法を時間をかけて身につけさせてゆく教育はほとんど無視されたままです。この「意味の教育」の基礎として、幼児期に何が必要か。原理的にも方法論的にも、さらに模索が不可欠と思います。

幼児期の記憶

幼児期における「世界の意味づけ」について、幼児の側から見てきましたが、ここで、成人になった時にそれがどういう働きをするのかを、「幼児期の想起」という側面から少し見ておきたいと思います。

幼児期の記憶については、一番古い記憶は何歳頃のものかとか、精神分析的立場からの記憶の古層の発掘とかが、興味あるテーマとされてきました。最近は「自伝的記憶」や「生活史的記憶」の名のもとに、新しい研究が進められていることは、先にも触れました。ここでは、無意識的であろうと意識的であろうと幼児期は記憶の宝庫であり、その中からどういうものが取り出され、どういう形で想起されてくるか、そしてそれがどういう働きをもってくるのかを見ておきます。

幼児期に出会う出来事は、さまざまな形で記銘され、貯蔵されます。そして後のある特定の機会にそれらの中からあるものが想起されます。もちろんそれは、元の記銘したもの、あるいは記銘のもととなった事実とはかなり異なってきます。記銘の時点、貯蔵の間、そして想起の時点でそれぞれ選択が働き、また修飾や新たな意味づけが加わるからです。

幼児期での記憶が幼児期以後の時点で想起される場合、その想起は、その時点での何らかの必要(動機)、つまり今の自分がどういう記憶の呼び出しを必要としているかによって生じます。ちなみに自信を喪失し、抑鬱的状態にある時と、自信や希望に満ちている時とでは、全く異なる自分や過去の経験が呼び起されてくることは誰しも知る通りです。普通の子どもなら、オ母サンに叱られてこわかった場面と、やさしく慰めてくれる場面の記憶の両方をもち、それらがその時の必要に応じて想起されることによって、いずれもその子ども、さらには生涯にわたってその人の成長を励ます力となってゆきます。

一方、幼児期の経験にバイアスがかかり、それが以後長期にわたって半ば強迫的に働きかけてくる場合があります。幼い時に受けた虐待が大きな外傷体験として、意識的にも無意識的にも記憶の前面を領してくるケースです。最近、このような子どもに対する臨床的取り組みが進んできていますが、そのこと自体、幼児期記憶の重さを物語っています。

また幼児期の記憶は、かなり無意識的であったり、その時の状況の中のごく狭い一部に焦点が絞られ、前後の時間的文脈や全体的状況への展望を欠いているのが普通です。それらについては、後に親や周囲の人から説明されたり、また成長してからの自分の経験が深まるとともに、新たな意味づけをほどこしたりすることによって、記憶体制の中へ位置づけ直してゆくようになります。母が、寒い風の吹き通る中、固く自分を抱きしめながら涙を流していた情景だけが残っていたのが、後にそれは母の父が死んだときの冬の火葬場の情景であることを知った、という経験を語った人がいました。さらに思春期になって自分を抱きしめていた母のその時の感情、早く妻を失い、一人娘の自分を男手一つで育ててくれた父への別離であったことを思うようになった時、その幼児期の情景は、一挙に原体験として立ち上がり、子である自分にこめていた母の情愛と親と子の関係の人間的意味を具体的に理解することができた、と言います。

こうした、人間的生き方の機縁としてよみがえるような記憶と、その資源となる経験が積まれることを願わざるを得ません。そうした経験は、人との深い交わりの中で起ることがまず前提です。事物や事件にかかわる記憶であっても、それは対人関係の中で記憶されます。絵本の思い出はそれを読んでくれた祖母につながり、夜空いっぱいに開いた花火の記憶も、自分と並び空を仰ぎながら団扇で風を送ってくれた母親につながります。三歳の直前に衝突事故にあった子は、その時の恐ろしさよりも、必死に自分の上にかぶさってくれていた母(重傷を負っていた)の重さの方をおぼえていたと言います。

原風景と自伝的記憶

幼児期の経験の中でもその細部や状況の文脈はわからぬまま、強い知覚的印象が残り、しかもそれがその後の自分の思考の形成に大きい影響をもってゆく体験を「原風景」とよびます。先にあげた例もその一つといえます。終りに今一つ、幼児期の自伝的記憶とその展開の例を引きましょう。今は高齢のS氏(以下S)の場合です。

Sのあげる原風景は、「雨が激しく降りしきる中、砂の上に座り、父母たちと広い水を前に何かを長い間待ち、途中から頭を下げ続けた」場面です。小学生になって聞かされた話でわかったのですが、昭和四(一九二九)年六月(S三歳直前)、昭和天皇が和歌山県田辺湾の神島《かしま》で、南方熊楠《みなかたくまぐす》から島の植生についての進講を受けるため湾内を巡視艇で巡行した時のことでした。それを対岸の白浜の江津良《えづら》の浜から土地の人びとと迎えていたのです。またSが後に記録を調べたところ、当日が確かに激しい雨であったこともわかりました。

日頃から愛郷心が強かったSの父は、家族を率いて帰省し、幼いSにも湾内の情景を見せようとしたのでした。重要なことは、南方熊楠は父にとっては郷党の誇りであり、尊敬してやまざる対象だったということです。その人を天皇が訪ねてくるのだから、父としてはその場にぜひ家族全員を立ち会わさせねばならなかったのは当然です。Sが物心ついた幼少期から青年時代に至るまで、ことあるごとに父は「南方さんこそエライ」と言い続けます。市井の徒として親しく人びとと交わる生活の中で世界に冠たる研究をしたこと、夏はフンドシ一つで机に向い、けんかも強かったこと、そして天皇にも臆することなく、友だちとして差しで話し合ったこと、また天皇に提出した粘菌の標本はキャラメルの箱に入っていたことなど、それは多分に南方神話によって彩られてはいましたが、要は南方こそがエライ人の典型例だったのであって、当時一般の尊敬を集めていた軍人や政治家をエライと言ったことは一度もなかったといいます。

Sの述懐によると、その後父とは特別緊密な生活を送ったことはなかったものの、いつしかS自身の価値観の中心に南方熊楠が位置し、自分の生き方で選択を迫られる時の判断基準として南方が立ち現われてくることに気づくようになったと言います。

これ以上の説明は不要と思います。幼児期に見た原風景が家族との共同的記憶に取り入れられ、新たに意味づけられて、本人の生き方に方向づけをする「原体験」として成立したこと、そしてそれはまた、その家族のもつ一つの文化の形成でもあったことが十分に読みとれます。

生涯にわたって、自己の新たな意味づけを必要とする時や、危機的場面に遭遇した時、そこに立ちもどり、そこから再出発するべき原点となる記憶の母胎となりうるのが幼児期です。そうした幼児期をどれだけ自己の歴史に内在させているか。そしてその時、自己の幼児期がどういう形で立ち上がってくるかが、人間形成の重要な決め手になっていることはまちがいありません。人間関係の稀薄化が進み、そうした幼児期自体の成立が難しくなりつつある現在、そこでの経験の再吟味を私たちは迫られています。知識量を増やすための教育はますます盛んになりながら、子ども自身が意味を作り出す力を育てる教育がほとんど省みられないのが現状です。

おとな社会と幼児の世界

ここで、全体を一つの観点からまとめてみたいと思います。

要は、現在の文化的・社会的圧力が、より早期から子どもの世界に侵入し、幼児期が空洞化され、そこで育つべき生き方の基盤が貧困なまま、おとな社会に投げ入れられてゆく人間、つまり「幼児期不在」のままの人間が増している現状の中で、幼児期をどう再建するのかが保育の最大課題である、ということです。しかしその手だてや支えとなるべき原理的探究は不問に付されたままでした。本書はその課題に向けての試みの一つとして、まず幼児の生活と発達にとって重要な側面の中で、今何が不可欠かを考えてきたのでした。

論点をはっきりさせるため、現在の社会(おとな社会)と、幼児期(幼児の世界)の内蔵する性質を次のように対照させてみます。強引できわめて単純な二項対立的発想だとの批判のあることは覚悟の上で、あえて両者を特徴づける重要な語を、二極的に表示しました。

おとな社会		幼児の世界
分離的	―	関係的(共同的)
画一的	―	個別的
制度的	―	生活世界的
国家的	―	家族的
二次的ことば的(国家語的)	―	一次的ことば的(母語的)
情報処理的	―	表現的
知識的(明示的)	―	意味的(暗黙的)
能率主義的	―	自己効力感的
現実適応的	―	可能志向的

それぞれについては、すでに各章にわたって重複しながら述べてきたので、詳しい説明は不要と思います。

総じて言えるのは、おとなは常に「現実社会への適応」に動機づけられているのに対し、幼児は一つの「可能態」としての自己を志向していることなのです。

それでは両者の関係をどうとらえればよいでしょうか。

かつての社会では、幼児の世界から出発した子どもたちは、その後の教育機関におけるさまざまの経験を通して、ゆっくりとおとなの世界になじんでゆきました。対極的にあげたそれぞれの世界の性質を結ぶ線上を、かなり連続的に変化してゆきました。いや、正確に言うなら、前者の諸性質の上に後者が徐々にかぶさり、重層的な構造を作り上げていったのでした。そこでは、本書でここまでに考えてきたような「幼児期」とは何か、幼児期においてこそ培われるべきものは何かというような確認や検討はほとんど必要とされませんでした。保育現場においてもそうした問いかけは、方法的にも、原理的にもされぬままに経過してきたように思います。そこでは先に述べた「しつけきびしく、遊び元気に、表現のびのび、ことばはきはき」式の原則で表面的には事足りてきたと思います。

しかし、今、状況は大きく変りました。おとな社会の力はきわめて強大となっています。ことに経済のバブル化とその反動、能力主義と能率主義の跋扈、急激な情報化とＩＴ革命はそれを大きく加速しました。早くからおとな社会の諸々の性質を獲得させようとする圧力は、学童期のみならず幼児の保育現場や子育ての中に強く侵入してきています。子ども向け産業がそれにさらに加勢します。そこでは先にあげた幼児の世界のもつ性質は弱化され、圧殺されてゆきます。これこそが「幼児期の空洞化」に他なりません。しかも問題はそうした傾向が、社会の進展であり、文化の力の向上であり、人間の発達であるという信条によって根強く裏づけられている点です。教育界や保育界にすらそれに迎合する動きがあることも見逃せません。

「対抗文化」としての幼児期

このような現代のおとな社会の一方的な肥大と、それによる幼児世界の空洞化に対抗して、まず幼児期を特徴づける性質がしっかり確立されなくてはなりません。その上に立って子どもたちが成長し、おとな社会の性質を批判的に受け入れ、それを人間的世界の充実に向けて活用してゆく、そのような発達を、親を含めて保育に携わる人びとは、意識的に求め、探ってゆく必要があるでしょう。幼児期の諸性質こそが、人間が生きるための本来的基礎なのであって、その上に立ってこそ、おとな社会の諸性質は、はじめて人間性充実のための力として機能してきます。

それゆえ私は幼児期を、現代の社会文化に対する一つの「対抗文化」としてとらえる視点を提起したいと思います。その理由と内容は、今まであげてきたことから明らかでしょう。幼児期本来の姿から、社会全体、文化全体のあり方を見る視点は、強調してもしすぎることはありません。

しかも重要なことがあります。たしかにおとな文化と子ども文化は、おとなと子どもがある限り並存し対立し合ってゆきます。しかしそれが外的に並存対立するだけにとどまらないところに、人間の発達の根本があります。つまりおとなは自己の内にかつての幼児期を内在させて生きてゆきます。このことはくり返し強調してきました。自己の中に確固とした対抗文化を抱いて、現在の社会文化に対処しながらその成員として生きてゆくこと、これはいたって困難なことではありますが、現在の社会を人間的に生きるために要請されることとして不可欠なのです。「真の幼児期」は、社会を常に人間的に批判し、自己を人間的存在たらしめてゆく視座として、私たちの中に働き続けてくれるはずです。

幼児期の空洞化は、その子が将来、内にはらんで生きるべき対抗文化がきわめて貧弱なまま、ますます困難化する社会的現実にさらされることを意味します。今こそ幼児期の再建をと願うのは、そのためです。そして、自己の内に対抗文化としての幼児期を内在させたおとなが、幼児を単に政治的、教育的対象として扱うだけでなく、ともに一つの同じ時代を手を組んで生きている共同者として交わるところから出発することが、今ほど求められる時はありません。

「せめて子どもを……」

本書では、日本の社会的・文化的現在に置かれている幼児を中心に、彼らが陥っている危機を中心に述べてきました。日本の場合、その危機はあえて言えばバブル経済やIT革命などに代表される「恵まれすぎ」がもたらした人間疎外に起因して、それがさまざまな形で子どもを追いつめている姿とも言えます。これに対して広く世界では、無数の子どもが貧困と飢餓と病苦に苦しんでいます。また大義の名の下に使用される大量殺戮兵器の犠牲として、日々子どもの生命が奪われています。

裘沙・王偉君著『裘沙画集　魯迅の世界』(岩波書店, 1986年刊)より「雄叫び」

このような子どもたちに対して、おとなはどう責任をとるべきなのでしょうか。

有史以来、人間が人間を食べ、自分もまた人の肉を食ったとの想念にとりつかれ、やがてまた自分も食われようとしていることにおののく男が、最後に言います。

人間を食ったことのない子どもは、まだいるかしら？

せめて子どもを……（救救孩子…）（魯迅、竹内好訳「狂人日記」『魯迅文集』第一巻、筑摩書房）

あとがき

「幼児期」を「生涯」の中に、すなわち私たちが生きてゆく途上に位置づけてとらえる時、そこに何を見なければならないか。しかもそれを、現代の社会情勢と教育的状況の中でとらえ直す時、そこにどういう問題が立ち上がってくるのか。そして私たち子どもの発達研究をしごととしてきた者が、今どういう発言をすべきか。

幼児に、その生活の共同者としてもっとも深くかかわっているのは、言うまでもなく親と保育者ですし、また研究の中心を受けもって来たのは、心理学のはずです。しかしその研究が子どもの未来とどういう形でつながることを志向するのか、十分に吟味されることは少ないままにきました。

大江健三郎氏は、「子供の心をいじることに、おそれとやましさを抱いてきたはずの心理学者」が、「政治家による「愛国心」の「促成栽培に手をかし」ていると批判しました（朝日新聞、二〇〇三年九月一一日夕刊）。その事実を私たちは認めざるを得ませんし、その非難にどう答えてゆくかは、大きな課題となります。

本書では、人間の世界のとらえ方、自分の「生き方」のとらえ方の基礎が「幼児期」において形成され、さらにそれらが以後の「生涯」にあって、どう生き直され、再構成されてゆくのかに視座を据えました。そしてそこから現代の子どもが置かれている社会的・教育的状況をみる時、それが幼児の今後の成長発達と人間的充実のために必要な「しつけの環境」、「遊び環境」、「表現環境」、「ことば環境」として、どんな問題をはらんでいるのかを、できるだけ原理的な形で吟味したい願いから出発しました。どれだけそれを果たしえたか、少しでも多くの分野の方がたから、批判や叱正いただけたらと思います。

本書が、親や保育者(特にこれから保育や幼児教育を志そうとする若い人たち)をはじめとし、さらに人間としての発達と教育に関心をもつ人たち、また自分の中にかつての自己の幼児期を見直そうとする人たちの中に、新たな「幼児期」(ひいては人間そのもの)についての論議を引きおこす手がかりとなればと願います。

本書で提起した問題や視点のいくつかは、これまでの拙著においてもふれて来ました。それらと内容が部分的に重複したり、以前の書の方が詳しいところもあります。また本書では述べることが少なかった幼児の「認知発達」やほとんどふれなかった「障害をもつ幼児」、「幼保一元化」などについても、それらを参照していただければ幸いです。

『子どもとことば』岩波新書、一九八二年
『ことばと発達』岩波新書、一九八五年
『児童心理』岩波書店、一九九一年
「子どもとおとな」(講座『幼児の生活と教育』第1巻)、岩波書店、一九九四年
『小学生になる前後(新版)』岩波書店、一九九五年
『発達心理学入門』(浜田寿美男共著)、岩波書店、一九九五年
『ことばと認知の発達』(中島誠・村井潤一共著)東京大学出版会、一九九九年
『意味の形成と発達——生涯発達心理学序説』(山上雅子共編著)、ミネルヴァ書房、二〇〇〇年
「表現の可能性」(小泉博一・吉田直子編『表現と癒し』現代のエスプリ、四一三号)、至文堂、二〇〇一年

幼児には比較的接してきたはずなのに、「幼児期」について、自分の考えを本書のような形にまとめるには、ずいぶん長い時間をかけてしまいました。自分自身の無能と怠惰を恥じなければなりません。多くの方がたのお力添えが身に沁みます。

なかでも長年目を患ってきた私にとって、石郷岡均先生(京都桂病院)から与えていただいた静かなお励ましは心強いものでした。また、わかりにくい講義をいつも明るく聴いてくれた京都女子大学の卒業生たちの姿が今も想い起されます。先生と卒業生に本書を捧げます。

岩波書店におられた時代から子どもの発達の本に尽力くださった柿沼マサ子さんには、本書でも貴重な助言をいただきました。私の怠惰を気長に待ってくださった新書編集部の早坂ノゾミさんは、勝手な方向に走りがちな論議を常に読者の立場を代表して、分かりやすい論旨へと引きもどす作業を担っていただきました。感謝します。

岡本夏木

二〇〇五年春

岡本夏木

1926-2009年
1952年京都大学文学部哲学科卒業
2000年まで京都教育大学教授，京都女子大学教授を歴任
専攻―発達心理学
著書―『子どもとことば』
『ことばと発達』(以上岩波新書)
『児童心理』
『小学生になる前後(新版)』(以上岩波書店)
『ことばと認知の発達』(共著，東京大学出版会) ほか

幼児期　　岩波新書(新赤版)949

2005年5月20日　第1刷発行
2023年7月5日　第22刷発行

著　者　岡本夏木《おかもとなつき》

発行者　坂本政謙

発行所　株式会社 岩波書店
〒101-8002 東京都千代田区一ツ橋2-5-5
案内 03-5210-4000　営業部 03-5210-4111
https://www.iwanami.co.jp/

新書編集部 03-5210-4054
https://www.iwanami.co.jp/sin/

印刷・理想社　カバー・半七印刷　製本・中永製本

ISBN 978-4-00-430949-9　　Printed in Japan

岩波新書新赤版一〇〇〇点に際して

ひとつの時代が終わったと言われて久しい。だが、その先にいかなる時代を展望するのか、私たちはその輪郭すら描きえていない。二〇世紀から持ち越した課題の多くは、未だ解決の緒を見つけることのできないままであり、二一世紀が新たに招きよせた問題も少なくない。グローバル資本主義の浸透、憎悪の連鎖、暴力の応酬——世界は混沌として深い不安の只中にある。

現代社会においては変化が常態となり、速さと新しさに絶対的な価値が与えられた。消費社会の深化と情報技術の革命は、種々の境界を無くし、人々の生活やコミュニケーションの様式を根底から変容させてきた。ライフスタイルは多様化し、一面では個人の生き方をそれぞれが選びとる時代が始まっている。同時に、新たな格差が生まれ、様々な次元での亀裂や分断が深まっている。社会や歴史に対する意識が揺らぎ、普遍的な理念に対する根本的な懐疑や、現実を変えることへの無力感がひそかに根を張りつつある。そして生きることに誰もが困難を覚える時代が到来している。

しかし、日常生活のそれぞれの場で、自由と民主主義を獲得し実践することを通じて、私たち自身がそうした閉塞を乗り超え、希望の時代の幕開けを告げてゆくことは不可能ではあるまい。そのために、いま求められていること——それは、個と個の間で開かれた対話を積み重ねながら、人間らしく生きることの条件について一人ひとりが粘り強く思考することではないか。その営みの糧となるものが、教養に外ならないと私たちは考える。歴史とは何か、よく生きるとはいかなることか、世界そして人間はどこへ向かうべきなのか——こうした根源的な問いとの格闘が、文化と知の厚みを作り出し、個人と社会を支える基盤としての教養となった。まさにそのような教養への道案内こそ、岩波新書が創刊以来、追求してきたことである。

岩波新書は、日中戦争下の一九三八年一一月に赤版として創刊された。創刊の辞は、道義の精神に則らない日本の行動を憂慮し、批判的精神と良心的行動の欠如を戒めつつ、現代人の現代的教養を刊行の目的とする、と謳っている。以後、青版、黄版、新赤版と装いを改めながら、合計二五〇〇点余りを世に問うてきた。そして、いままた新赤版が一〇〇〇点を迎えたのを機に、人間の理性と良心への信頼を再確認し、それに裏打ちされた文化を培っていく決意を込めて、新しい装丁のもとに再出発したいと思う。一冊一冊から吹き出す新風が一人でも多くの読者の許に届くこと、そして希望ある時代への想像力を豊かにかき立てることを切に願う。

（二〇〇六年四月）

教育

岩波新書/最新刊から

1969 **会社法入門 第三版** 神田秀樹 著

令和元年改正を織り込むほか、DXやサステナビリティなどの国際的な潮流に対応して進化を続ける会社法の将来も展望する。

1970 **動物がくれる力** 教育、福祉、そして人生 大塚敦子 著

犬への読み聞かせは子供を読書へ誘い、若者は保護犬をケアし生き直す。高齢者は犬や猫と豊かな日々を過ごす。人と動物の絆とは。

1971 **優しいコミュニケーション** ―「思いやり」の言語学― 村田和代 著

日常の雑談やビジネス会議、リスクコミュニケーションなどを具体的に分析し、「人に優しい話し方・聞き方」を考える。

1972 **まちがえる脳** 櫻井芳雄 著

人がまちがえるのは脳がいいかげんなせい。だからこそ新たなアイデアを創造する。脳の真の姿を最新の研究成果から知ろう。

1973 **敵対的買収とアクティビスト** 太田洋 著

多くの日本企業がアクティビスト(物言う株主)による買収の脅威にさらされるなか、彼らと対峙してきた弁護士が対応策を解説。

1974 **持続可能な発展の話** ―「みんなのもの」の経済学― 宮永健太郎 著

サヨナラ、持続〈不〉可能な発展――。「みんなのもの」という視点から、SDGsの次の時代における人類と日本の未来を読み解く。

1975 **皮革とブランド** 変化するファッション倫理 西村祐子 著

ファッションの必需品となった革製品は、自然破壊、動物愛護、大量廃棄といった倫理的な問題とどう向き合ってきたのか。

1976 **カラー版 名画を見る眼 I** ―油彩画誕生からマネまで― 高階秀爾 著

西洋美術史入門の大定番。レオナルド、フェルメール、ゴヤなど、絵画を楽しむための基礎を示し、読むたびに新しい発見をもたらす。

(2023.6)